# Écrire l'inter-dit

*La subversion formelle
dans l'œuvre de Monique Wittig*

*Bibliothèque du féminisme*

Collection dirigée par
Oristelle Bonis, Dominique Fougeyrollas, Hélène Rouch

publiée avec le soutien de
l'Association nationale des études féministes (ANEF)

Les essais publiés dans la collection *Bibliothèque du féminisme* questionnent le rapport entre différence biologique et inégalité des sexes, entre sexe et genre. Il s'agit ici de poursuivre le débat politique ouvert par le féminisme, en privilégiant la démarche scientifique et critique dans une approche interdisciplinaire.

L'orientation de la collection se fait selon trois axes : la *réédition* de textes qui ont inspiré la réflexion féministe et le redéploiement des sciences sociales ; la *publication de recherches*, essais, thèses, textes de séminaires, qui témoignent du renouvellement des problématiques ; la *traduction* d'ouvrages qui manifestent la vitalité des recherches féministes à l'étranger.

Dominique Bourque

# Écrire l'inter-dit

*La subversion formelle
dans l'œuvre de Monique Wittig*

**L'Harmattan**
5-7, rue de l'École-Polytechnique ; 75005 Paris
FRANCE

**L'Harmattan Hongrie**
Könyvesbolt
Kossuth L. u. 14-16
1053 Budapest

**Espace L'Harmattan Kinshasa**
Fac..des Sc. Sociales, Pol. et
Adm. ; BP243, KIN XI
Université de Kinshasa – RDC

**L'Harmattan Italia**
Via Degli Artisti, 15
10124 Torino
ITALIE

**L'Harmattan Burkina Faso**
1200 logements villa 96
12B2260
Ouagadougou 12

www.librairieharmattan.com
harmattan1@wanadoo.fr
diffusion.harmattan@wanadoo.fr

© L'Harmattan, 2006
ISBN : 2-296-00731-7
EAN : 9782296007314

*À Claudine Vivier*

Je tiens à exprimer ma plus vive gratitude à :
Nicole Bourbonnais, à qui je dois la cohérence et la clarté de cette étude,
Claudine Vivier, qui m'a soutenue jour après jour et de mille façons, pendant sa rédaction,
Oristelle Bonis, pour ses précieux conseils éditoriaux et sa généreuse mise au point du manuscrit.
Je remercie également Johanne Coulombe, Louise Turcotte, Pascale Noizet, Danielle Charest, Geneviève Arsicault, Namascar Shaktini, Marguerite Houle et Jean-Jacques Bourque, pour leur soutien à divers niveaux. Enfin, je remercie Nathalie Ayotte, pour sa première version de la traduction des citations en anglais.

# Prologue

Monique Wittig déroute et déconcerte lorsque, dans ses étranges romans, elle élimine non seulement le mot « femme » – en écho à la célèbre thèse de Simone de Beauvoir : « On ne naît pas femme[1] » –, mais également le mot « homme » et les notions mêmes de « féminité » et de « masculinité » par la mise en scène de personnages qui congédient ces catégories. Il en va de même lorsqu'elle violente la syntaxe ainsi que la langue en écrivant : « j/e te suis tu m/es[2] », non pour (se) dire « l'Autre », à la suite d'Arthur Rimbaud, mais pour l'abolir avec le Sujet qui l'invente. Il suffit, en fait, d'ouvrir n'importe lequel des « romans » qu'elle a publiés, à savoir *L'Opoponax*, *Les Guérillères*, *Le Corps lesbien* et *Virgile, non*[3], pour être immédiatement dépaysé. Outre la présence de séries de mots en gros caractères qui coupent le texte à intervalles réguliers, de néologismes ou de thèmes provocateurs[4], nous sommes confrontés à une

---

1. Simone de Beauvoir écrit : « On ne naît pas femme : on le devient. Aucun destin biologique, psychique, économique ne définit la figure que revêt au sein de la société la femelle humaine, c'est l'ensemble de la civilisation qui élabore ce produit intermédiaire entre le mâle et le castrat qu'on qualifie féminin », *Le Deuxième Sexe*, t. II, p. 13.
2. Monique Wittig, *Le Corps lesbien*, p. 135.
3. À l'avenir, seule l'abréviation des romans paraîtra entre parenthèses (avec le numéro de la page) à la suite de l'extrait cité : *O* pour *L'Opoponax* (1964), *G* pour *Les Guérillères* (1969), *CL* pour *Le Corps lesbien* (1973) et *VN* pour *Virgile, non* (1985).
4. *Les Guérillères* et *Le Corps lesbien* sont tous deux ponctués par une liste de mots ; dans le premier cas, il s'agit de prénoms (surtout féminins) ; dans le deuxième, il s'agit des parties, humeurs et autres productions du corps humain. Parmi les néologismes qu'invente Monique Wittig, citons les mots « guérillères » (à partir de « guérilla »), « féminaire » (sur le modèle de « bestiaire ») et « cyprine » (nom de la déesse Aphrodite). Enfin, l'auteur ne craint pas, par exemple, de représenter des femmes posant des gestes violents ou d'associer le cannibalisme avec la passion amoureuse.

utilisation inhabituelle des pronoms et de la ponctuation, comme le relève Claude Gruaz :

> Pour M. Wittig, la ponctuation ne traduit pas les variations articulatoires du contenu : celles-ci n'existent pas, le texte étant une succession de touches descriptives ou narratives ; il appartiendra au lecteur d'établir les liaisons éventuelles entre ces touches séparées[5].

Enfin, et surtout, l'ensemble de ces ruptures se produit sur un fond de citations et de paroles rapportées parfaitement incorporées à l'œuvre, c'est-à-dire non séparées des mots de la voix narrative par des guillemets ou des tirets – non « objectivées », dirait Mikhaïl Bakhtine, le théoricien des mots contrapuntiques.

Ainsi, quelque chose a lieu, qui ne dev(r)ait pas avoir lieu, qui dépasse toutes les bornes ou, plus encore, qui les fait fondre comme neige au soleil. Quelque chose qu'il faut bien nommer « subversion » à la suite des divers commentateurs – pour la plupart anglophones, d'ailleurs – de cette œuvre, comme en témoignent les titres ou sous-titres de leurs études : « Revolutionary Signifier », « Explosive Discourse in Monique Wittig », « Exploding the Issue », « Subversive Intent », « The Trojan Horse of Universalism : Language as a "War Machine" in the Writings of Monique Wittig », « Opening Closed I's »[6], etc. Néanmoins, aucun de ces commentateurs n'a choisi de traiter en profondeur les procédés formels qui, tels qu'exploités par Monique Wittig, ont clairement une portée transgressive : il s'agit des procédés, omniprésents dans l'œuvre, qui relèvent des approches intertextuelle et interdiscursive.

---

5. Claude Gruaz, « La ponctuation, c'est l'homme... », p. 120 ; Monique Wittig se mérite d'ailleurs le plus haut « coefficient d'originalité » (p. 124).
6. Dans l'ordre : E. Marks dans « Lesbian Intertextuality », (1979) ; L. Oppenheim dans « The Ontology of Language in a Post-Structuralist Feminist Perspective : Explosive Discourse in Monique Wittig » (1988) ; A. A. Jardine et A. M. Menke dans *Yale French Studies* (1988) ; S. Suleiman dans *Subversive Intent : Gender, Politics, and the Avant-Garde* (1990) ; L. M. G. Zerilli dans *Social Text* (1990) ; Karin Cope dans « Plastic Actions : Linguistic Strategies and *Le Corps lesbien* » (1991).

Dans ce dernier cas, on découvre bien, ici et là, dans les trop courts articles qui ont été consacrés à l'une ou à l'autre des œuvres de l'auteur, des commentaires judicieux sur l'originalité de l'usage d'un pronom ou d'une voix narrative qui auraient pu mettre en relief le dialogisme du texte. Toutefois, même une critique de la trempe de Mary McCarthy néglige l'effet réel des choix formels de l'auteur sur la constitution d'une perspective narrative ouverte. C'est ce qui l'amène, par exemple, à assimiler la voix narrative (Catherine Legrand) de *L'Opoponax* à celle de la rumeur (du « on dit ») : « Monique Wittig a choisi de désubjectiver Catherine Legrand jusqu'aux limites du possible, jusqu'à en faire une espèce de "on dit", une rumeur plus ou moins digne de foi[7]. » Faute d'avoir vu que le choix du pronom « on » (plutôt que du « je » ou du « elle ») s'explique par sa potentielle ouverture *discursive*, Mary McCarthy n'a pu distinguer le « on » ouvert de la voix narrative du « on » fermé de la « rumeur » ambiante.

Si la stratégie intertextuelle à l'œuvre dans les textes de Monique Wittig échappe moins aux commentateurs que la stratégie interdiscursive, cela ne signifie pas pour autant qu'ils en mesurent bien l'ampleur. De fait, la majorité d'entre eux traitent cette dernière comme un procédé secondaire en évoquant, au besoin, la transformation que l'auteur fait subir à un mythe ou à un vers. D'autres vont un peu plus loin en tentant d'analyser la récurrence, par exemple, de certains types de mythes, ou les rapports que l'une ou l'autre des œuvres de l'auteur entretient avec un genre littéraire en particulier, mais ils le font de manière ponctuelle, c'est-à-dire sans chercher à en découvrir la portée réelle. Ainsi, Hélène Vivienne Wenzel relève bien la dérivation générique que pratique l'auteur, à savoir son appropriation des genres dits « masculins » : « Wittig refuse de se retirer dans le sombre recoin des genres littéraires traditionnellement associés aux femmes – le roman [d'amour], les mémoires, l'autobiographie – toujours perceptibles dans une bonne part de la production appelée *écriture féminine*. Elle s'approprie et investit plutôt les genres littéraires traditionnellement associés aux hommes dans la mesure

---

7. Mary McCarthy, « L'enfance de tout le monde », p. 138.

où ils ont toujours détenu le pouvoir de façonner leur langage et leur réalité[8]. » Mais il ne s'agit que d'un seul aspect, et fragmentaire de surcroît, de l'intertextualité que pratique l'auteur.

La réserve des commentateurs en ce qui concerne la présence ou l'importance des stratégies de l'interdiscursivité et de l'intertextualité dans l'œuvre de Monique Wittig renvoie à leur perception épidermique de la subversion formelle qui s'y déploie. Erika Ostrovsky, auteur de *A Constant Journey. The Fiction of Monique Wittig*, fait figure d'exception en ce qui concerne le repérage de l'ampleur du phénomène. Contrairement cependant à sa présentation du renversement comme « bouleversement, révolution, anéantissement et subversion – [qui] peut être considéré comme la clef de l'écriture de Monique Wittig[9] », nous distinguons ce procédé de la transgression wittigienne et montrons que l'auteur expose les limites du renversement, notamment en le mettant en scène.

Dans le présent ouvrage, nous examinons donc cette dimension insuffisamment approfondie de l'œuvre romanesque de Monique Wittig, soit le fonctionnement de la subversion formelle à partir des deux stratégies principales qui la fondent, l'intertextualité et l'interdiscursivité. Monique Wittig joue de manière constante et chaque fois renouvelée avec un nombre impressionnant de textes appartenant à l'ensemble du corpus littéraire occidental, des œuvres d'Homère, de Sappho ou de Dante, à celles de Baudelaire ou de Sartre. En outre, et pour nous dérouter encore davantage, elle met en présence les formes et les genres les plus paradoxaux, comme les mythes païens et les mythes chrétiens, les épopées et les poèmes lyriques, les contes populaires et les essais philosophiques. Sur le plan de l'interdiscursivité, elle ne cesse de redéfinir l'usage des pronoms et les limites de l'espace narratif, tout en recadrant les discours de manière à déplacer le point de vue qui fait habituellement autorité. Si bien que, tel un détective, le lecteur est appelé à se demander qui parle, au

---

8. Hélène Vivienne Wenzel, « The Text as Body/Politics... », p. 284.
9. Erika Ostrovsky, *A Constant Journey*..., p. 3.

juste, et à qui, c'est-à-dire à resituer son propre point de vue, à entrer en interaction avec l'œuvre.

Loin d'être innocent, le choix de ces stratégies par Monique Wittig rappelle le double statut de forme et de sens que possède le mot pour l'écrivain :

> Le premier élément auquel un écrivain a affaire c'est [...] le vaste corpus d'œuvres [...]. Le deuxième élément [...], c'est le matériau brut, c'est-à-dire le langage, en soi [...] [qui est] à la fois un objet matériel et une forme[10].

L'étude de la configuration de la subversion wittigienne ouvre la voie à l'articulation d'une nouvelle forme littéraire. Nous qualifierons celle-ci de « contre-texte », en gardant à l'esprit que l'auteur se sert de cette expression – ainsi que de celle de « textes inattendus » –, dans une entrevue accordée à Laurence Louppe en 1973[11], pour qualifier l'ensemble de son œuvre.

Le repérage du fonctionnement de la subversion dans les « romans » de Monique Wittig devrait permettre de situer le « contre-texte » par rapport aux autres textes subversifs, y compris ceux des romanciers contemporains. La démarche subversive de Monique Wittig se situe clairement dans la filiation du Nouveau Roman, caractérisé par de nombreuses infractions au code traditionnel romanesque. Suivant son propre aveu, ce sont ces écrivains, attelés à la tâche « de faire exister ce qui n'existe pas encore », qui lui ont appris à écrire[12]. La rupture la plus importante qu'opèrent les représentants de ce courant vis-à-vis du roman réaliste – comme Nathalie Sarraute le mentionne déjà dans ses premiers essais critiques[13] – réside dans l'abandon de la motivation référentielle incarnée dans un récit suivi, des personnages bien cam-

---

10. Monique Wittig, « Le cheval de Troie », p. 38.
11. Laurence Louppe, « Entretien avec Monique Wittig », p. 24.
12. « Sarraute, Beckett Butor, Pinget, Ollier, Robbe-Grillet, Simon ont changé la forme du roman français [...]. Ce sont ces écrivains qui m'ont appris mon métier », Monique Wittig, « Quelques remarques sur *Les Guérillères* », p. 117.
13. « De Dostoïevski à Kafka » et « L'ère du soupçon » sont parus dans la revue *Les Temps modernes* respectivement en 1947 et en 1950.

pés, une analyse psychologique et l'utilisation d'un langage purement instrumental. Ces écrivains ne façonnent pas davantage leurs romans, comme le fait Jean-Paul Sartre, avec des consciences libres et de la durée, des personnalités et des événements, mais « avec des mots, disposés suivant un certain ordre[14] » que le lecteur doit découvrir.

La destitution du personnage en tant qu'élément organisateur de l'histoire, l'élimination de la structuration du texte à partir d'une logique de l'action et le déplacement de l'intérêt de l'écrivain du récit vers le fonctionnement global du texte font en sorte que les nouveaux romanciers « revalorisent la relation scripteur-lecteur au détriment de la relation narrateur-personnage ou plus généralement narrateur-univers narré[15] ». Ils se dissocient donc du rapport d'assimilation passive qu'impose le roman traditionnel à ses lecteurs. En faisant ainsi reposer leurs textes sur une combinatoire de formes et de procédés nécessitant la participation du lectorat, non seulement ils font migrer le lieu d'articulation du sens du récit vers sa production, mais ils démocratisent ce processus. Toutefois, la révolution épistémologique qu'ils réalisent par « une perception adhérente, inutile et totale[16] » du monde, ne réussit pas à dissoudre le rapport hiérarchique, utilitaire et marchand propre à la culture bourgeoise, comme l'annonce Renato Barilli :

> La nouvelle épistémologie [...] met hors jeu la notion de propriété : le monde est quelque chose de très énigmatique, qui ne peut appartenir entièrement à personne dès lors qu'il se dérobe à toute prétention de ce genre. Il est « ouvert », se développant dans une série de phénomènes ; l'être se résout dans le paraître, sans aucun renvoi métaphysique[17].

---

14. Françoise van Rossum-Guyon, « Le Nouveau Roman comme critique du roman », dans *Nouveau Roman hier et aujourd'hui* (dir. J. Ricardou et F. van Rossum-Guyon), t. I, p. 221-222.
15. *Ibid.*, p. 220.
16. Renato Barilli, « Nouveau Roman : aboutissement du roman phénoménologique ou nouvelle aventure du romanesque », *ibid.*, p. 111.
17. *Ibid.*, p. 109.

Les romanciers de « l'école du regard » ont paradoxalement été rattrapés par ce « paraître » désubjectivisé qui menace même le simple « être-là » que sont devenus leurs personnages, risquant ainsi de ne présenter qu'un « étonnant miroir de la société de consommation[18] ».

Certes, tous les nouveaux romanciers ne cherchent pas à faire la même chose. Bien que Nathalie Sarraute ait été la première à construire ses romans à partir d'une intrigue disloquée, de personnages en trompe-l'œil et de cellules narratives répétées, on ne retrouve pas dans ses romans les fameuses descriptions et combinatoires qui ont valu au Nouveau Roman son label de « littérature objective ». C'est que, loin d'endosser le qualificatif de « scripteur » qu'adoptent certains de ses pairs pour marquer leur statut de « producteurs de textes », elle continue de revendiquer celui d'écrivain. Cependant, ce qui démarque le plus son œuvre de l'ensemble des autres nouveaux romans, c'est l'exploration de ces infimes mouvements à l'origine de la parole qu'elle a appelés « tropismes » ou « sous-conversations » ; c'est son intérêt pour ce qui incite, appelle, rend nécessaire un dialogue de fond. Tandis que la plupart des nouveaux romanciers s'attachent à mettre en évidence la matérialité du texte par un travail de bricolage (citations, digressions, variations, mises en abyme, etc.), Nathalie Sarraute approche les paroles comme s'il s'agissait de chambres closes, cogne sur les parois de leurs murs à l'affût d'un son plein, cherche ses voix.

Dans ses propres romans, Monique Wittig rallie les deux pôles où s'élabore la dimension subversive du Nouveau Roman, en s'appropriant précisément leurs procédés les plus représentatifs, à savoir l'intertextualité et l'interdiscursivité. Par ce choix, elle restructure donc la matière littéraire – suivant le principe, mis au jour par les formalistes russes, du renouvellement des formes littéraires à partir de la réorganisation de leurs procédés. Cependant, « la mise en accusation des formules mortes et la recherche de formes nouvelles,

---

18. « Nouveau Roman », *La Littérature française de A à Z*, p. 303.

capables de prendre la relève[19] » sont impensables, comme le souligne Alain Robbe-Grillet, sans un « retour au réel » :

> [C]'est par souci de réalisme que chaque nouvelle école littéraire voulait abattre celle qui la précédait ; c'était le mot d'ordre des romantiques contre les classiques, puis celui des naturalistes contre les romantiques et les surréalistes eux-mêmes affirmaient à leur tour ne s'occuper que du monde réel[20].

Ce retour est d'autant plus nécessaire, selon Robbe-Grillet, que le monde ne cesse de changer sur les plans de la vie matérielle, intellectuelle et politique. Il en va de même pour « la connaissance que nous avons de ce qui est en nous et de ce qui nous entoure[21] ». Dans le monde « réel » des années soixante, époque où paraissent les premiers textes de Monique Wittig, s'enchaînent des événements qui bousculent toutes les consciences en Occident. On peut notamment citer la fin de la guerre d'Algérie, la construction du « mur » de Berlin, la crise de Cuba, l'engagement des États-Unis au Vietnam, les assassinats de J.-F. Kennedy et de Martin Luther King, les émeutes des ghettos noirs aux États-Unis, la révolte de mai 68, l'entrée des chars soviétiques à Prague, la conquête de la Lune, etc. C'est aussi une période d'intense agitation sociale, où l'on voit sortir dans les rues non seulement les ouvriers, mais également les jeunes, les Noirs, les femmes et les homosexuels.

En ce sens, et pour en revenir au contexte littéraire, s'il y a à cette époque émergence d'une nouvelle révolution textuelle, elle est indissociable du parti pris de subjectivité des écrivains qui choisissent de parler du monde tel qu'ils le perçoivent, sans se soucier d'une fallacieuse objectivité. Le passage d'un point de vue anonyme à un point de vue simplement humain (obtenu, entre autres, par les effets de vérité et les brouillages entre la matière fictive et autobiographique[22]), rend désormais possible l'évaluation des textes à

---

19. Alain Robbe-Grillet, *Pour un nouveau roman*, p. 172.
20. *Loc. cit.*
21. *Ibid.*, p. 173.
22. Voir Guy Scarpetta, *L'Âge d'or du roman*, p. 20-23.

l'aune du contexte mondial. C'est à tout le moins ce que semblent attester les œuvres explosives qui paraissent les unes après les autres durant cette époque qualifiée de « subversive ». On pense, par exemple, au *Tambour* de Günter Grass, aux *Nègres* de Jean Genet, au *Rhinocéros* d'Eugène Ionesco, à *Oh ! Les beaux jours* de Samuel Beckett, à *Orange mécanique* d'Anthony Burgess, au *Pavillon des cancéreux* d'Alexandre Soljenitsyne, à *Cent Ans de solitude* de Garcia-Marquez, à *La Plaisanterie* de Milan Kundera.

Chez Monique Wittig, ce « retour au réel » prend d'abord, semble-t-il, la forme d'anticipations. Dans *L'Opoponax*, qui paraît en 1964, on peut voir s'esquisser, par exemple, la révolte de mai 68 dans la mise en scène d'adolescentes audacieuses qui n'hésitent pas à faire la grève pour manifester leur désaccord avec les règlements de leur école. De même, la rébellion armée de protagonistes décidés à rompre l'ordre établi, dans *Les Guérillères*, publié en 1969, semble annoncer, sous la forme d'une hyperbole épique, l'émergence du Mouvement de libération des femmes (qui naîtra l'année suivante en France), ainsi que la question du statut de la différence des sexes qui divisera profondément les féministes françaises durant les années soixante-dix.

Chez Monique Wittig, toutefois, ce « retour au réel » ne se produit pas uniquement sur le plan du récit ; il est également présent à d'autres niveaux. La justesse de ton de son premier roman, par exemple, a fait dire à Marguerite Duras : « Mon *Opoponax* est un chef-d'œuvre d'écriture parce qu'il est écrit dans la langue exacte de l'*Opoponax* [c'est-à-dire de l'enfance][23] », et à Claude Simon : « *L'Opoponax* : un écrit qui nous *restitue* l'enfance [...] [la] recrée[24]. » Par contre, dans la transposition de *La Divine Comédie* de Dante intitulée *Virgile, non* (1985), ce n'est pas le style don-quichottesque de la narratrice qui crée un effet de réel, mais le choix de Monique Wittig de donner son propre nom et statut d'écrivain à ce personnage, ainsi que son « jeu affiché avec les vérités dogmatiques », pour reprendre une expression de Guy Scarpetta.

---

23. Marguerite Duras, « Une œuvre éclatante », p. 18.
24. Claude Simon, « Pour Monique Wittig », p. 70.

Enfin, dans son œuvre la plus complexe et la plus intransigeante, à savoir *Le Corps lesbien* (1973), c'est la puissance de tabous comme celui qui entoure le cannibalisme qui donne poids et vérité au thème du lesbianisme. Ainsi, bien que les « dévorations » passionnées qui ponctuent l'œuvre soient toujours l'occasion d'une re(con)naissance des protagonistes, nombreuses sont les personnes qui ne peuvent en soutenir la lecture : « J/e m/e mets à te manger, m/a langue humecte l'hélix de ton oreille se glissant tout autour avec délicatesse, m/a langue s'introduit dans le pavillon, [...], m/es dents cherchent le lobe, elles commencent à le broyer » (*CL*, p. 17). Bien sûr, la scission des formes pronominales de la première personne : « J/e », « m/a », « m/es », etc., est malaisée en ce qu'elle illustre la condition d'exclus que vivent les sujets particularisés par le marquage du genre grammatical. Plus largement, la violence qui se dégage de ce livre, et qui se manifeste également par le morcellement de la syntaxe, transcrit la force de dérangement que représente le lesbianisme dans une culture encore dominée par la logique aristotélicienne et la religion chrétienne – d'où l'ironie du titre de l'œuvre, *Le Corps lesbien*, qui évoque la formule eucharistique « Le Corps du Christ ». De fait, dans la mesure où il renvoie à des « corps » autonomes, c'est-à-dire non définis par des hommes (père, mari, fils), il ébranle fortement le binarisme associé à l'économie des rapports sociaux de sexe, en tant qu'elle fait la promotion des oppositions esprit/corps, culture/nature, fort/faible, actif/passif, agressif/pacifique. Parce que la figure de l'amoureuse a été largement représentée dans la culture occidentale sous les traits d'une créature délicate, douce et passive, il est difficile d'imaginer un couple de lesbiennes qui ne soit pas un trompe-l'œil aguicheur, et dont les amantes s'aiment « passionnément ».

On l'aura compris, Monique Wittig non seulement n'adhère pas au courant du féminisme différentialiste – qui affirme l'existence d'une spécificité féminine – mais elle le dénonce ouvertement. D'où sa position vis-à-vis de l'« écriture féminine » :

Qu'il n'y a pas d'« écriture féminine » doit être dit avant de commencer et c'est une erreur qu'utiliser et propager cette expression : qu'est ce « féminin » de « écriture féminine » ? Il est là pour de (la) femme. C'est amalgamer donc une pratique avec un mythe, le mythe de la femme. [...] « Écriture féminine » est la métaphore naturalisante du fait politique brutal de la domination des femmes et comme telle grossit l'appareil sous lequel s'avance la « féminité » : Différence, Spécificité, Corps/femelle/Nature[25].

Nous n'élaborerons pas davantage sur les rapports, par ailleurs amplement discutés, que pourrait entretenir l'œuvre de Monique Wittig avec les analyses féministes[26]. Cette problématique nous amène toutefois à présenter les théories et perspectives critiques qui ont guidé notre étude de la subversion formelle dans ses textes.

## La subversion littéraire

> *L'art de Joséphine [...] consiste en ceci que, ne sachant pas plus chanter que les autres souris, et sifflant plutôt moins bien, elle opère peut-être une déterritorialisation du « sifflement traditionnel », et le libère « des chaînes de l'existence quotidienne »*[27].

À l'époque déclarée du postmodernisme, où le terme « subversion » naît facilement sur toutes les lèvres, une réflexion sur la signification de cette notion, telle qu'elle est utilisée en littérature, manque. Cette réflexion serait d'autant plus nécessaire que la matière du corpus s'avère complexe et la notion peu stable. De fait, les sens que recouvre la subversion littéraire n'ont cessé de fluctuer au cours des siècles. Ils ont varié en fonction des praticiens, des évaluateurs (auteurs, intellectuels, censeurs, théologiens et théoriciens) et des contextes dans lesquels s'élabore la littérature. C'est ce qui expli-

---

25. Monique Wittig dans sa « Postface » à *La Passion* de Djuna Barnes, p. 111.
26. Voir l'ouvrage de Catherine Écarnot : *L'Écriture de Monique Wittig. À la couleur de Sappho*.
27. Gilles Deleuze et Félix Guattari, *Kafka. Pour une littérature mineure*, p. 12.

que, comme le souligne fort bien Roland Barthes dans *Le Degré zéro de l'écriture,* pourquoi la subversion opérée par le mouvement romantique, par exemple, ne se situe pas au même niveau que celle que l'on a associée à la modernité. Si la révolution romantique, pourtant « si nominalement attachée à troubler la forme, a sagement conservé l'écriture de son idéologie [bourgeoise] » parce qu'elle a « préserv[é] l'essentiel du langage classique, l'instrumentalité[28] », Rimbaud et Mallarmé, pour leur part, se sont efforcés de faire éclater cette instrumentalité.

Par ailleurs, les genres littéraires, tout comme les formes artistiques, s'usent : « Plus un texte est la reproduction stéréotypée des caractéristiques d'un genre, écrit Hans Robert Jauss, plus il perd en valeur artistique et en historicité[29]. » De nouveaux textes apparaissent alors qui signalent la caducité des genres antérieurs en rompant de manière plus ou moins marquée avec eux. De la sorte, ils matérialisent, comme le laisse entendre Françoise Armengaud, une perspective encore interdite sur le monde :

> [C'est] pour décrire la perception nouvelle d'*une réalité généralement occultée, déguisée, oblitérée,* qu'il faut une forme nouvelle. Réciproquement, la forme nouvelle est l'infaillible révélateur de cette *réalité nouvelle, ou plus exactement étouffée jusqu'ici*[30].

Certains auteurs se contentent de moderniser les codes préexistants de manière à les adapter aux nouvelles valeurs de leur époque. D'autres réalisent ce que Julia Kristeva appelle une « déchirure formelle [et sémantique] par rapport à la

---

28. Roland Barthes, *Le Degré zéro de l'écriture,* p. 43-44.
29. Hans Robert Jauss, « Littérature médiévale et théorie des genres », p. 50. « L'historicité d'un genre littéraire se manifeste dans le processus de création de la structure, ses variations, son élargissement et les rectifications qui lui sont apportées ; ce processus peut évoluer jusqu'à l'épuisement du genre ou à son éviction par un genre nouveau », dit également Jauss (*loc. cit.*).
30. Françoise Armengaud, « La contestation des conventions du discours chez Nathalie Sarraute et chez Monique Wittig », p. 42 ; je souligne.

norme[31] », c'est-à-dire une critique de cette norme. C'est dans ce dernier cas que l'on parlera d'œuvres subversives.

Parce que le texte transgressif remet profondément en question les conventions littéraires de son époque, son appréhension par le critique nécessite une nouvelle approche qui se doit d'être à la fois textuelle (formelle) et contextuelle (historique). Rappelons les définitions que proposent de la littérature (au sens fort du terme) les théoriciens formalistes Roman Jakobson – « une violence organisée exercée sur le langage ordinaire » – et Victor Chklovski – « un effet d'étrangeté », « de défamiliarisation » opéré sur la langue afin de désautomatiser notre regard sur le monde – et rapprochons-les de celle que donne de la subversion littéraire le critique marxiste Douglas Kellner :

> La subversion est mieux comprise juxtaposée au concept de l'idéologie, quand celui-ci est défini comme le répertoire d'images, d'idées et de thèmes diffusés dans la société par et pour une culture dominante. Dans ce contexte, la subversion représenterait l'articulation, ou la mise en lumière, de toute interprétation réprimée, interdite ou oppositionnelle par rapport à l'ordre social[32].

Nous arrivons ainsi à l'articulation suivante de la subversion littéraire : *une violence organisée exercée sur une forme littéraire antérieure afin de créer un « effet d'étrangeté », « de défamiliarisation » révélateur d'un point de vue dérangeant sur le monde.*

**Les théories de la subversion**

> *Tynianov [...] pose comme hypothèse que toute œuvre littéraire se construit comme un double réseau de rapports différentiels 1. avec des textes littéraires préexistants 2. avec des systèmes de signification non littéraires, comme les langages oraux*[33].

---

31. Julia Kristeva, *Sèméiôtikè*..., p. 91.
32. Douglas Kellner, « Subversion », *Encyclopedia of Contemporary Literar*..., p. 636.
33. Laurent Jenny, « La stratégie de la forme », p. 261.

Il ne s'agit pas de faire ici l'historique des théories de la subversion, mais de cerner les formes subversives qu'élabore Monique Wittg. Un bref aperçu des analyses spécifiquement contextuelles et textuelles qui balisent notre approche situera notre démarche. Ces analyses se dégagent progressivement de la dichotomie contenu/forme qui tendait à les enfermer dans la conception hiérarchique d'une forme-fenêtre au service d'un contenu révolutionnaire ou, à l'inverse, de « formes nouvelles *cré[a]nt* les contenus nouveaux[34] ». Une fois rééquilibrés, ces paramètres apparaissent de plus en plus comme les simples axes des dimensions discursive et textuelle qui composent les œuvres littéraires. Ce sont ces dimensions qu'investiront, au XX$^e$ siècle, les nouveaux théoriciens de la subversion littéraire. Ceux de l'interdiscursivité, également appelée dialogisme ou polyphonie, le feront en rendant « une place au réalisme dans le formalisme, au monde dans le texte[35] » ; ceux de l'intertextualité, soit la convocation de textes précédents, en s'attachant à restituer le littéraire dans l'historique.

C'est ainsi à Mikhaïl Bakhtine (1895-1975), qualifié de « plus grand théoricien de la littérature au XX$^e$ siècle[36] » par Tzvetan Todorov, et de « philosophe de la liberté[37] » par Katerina Clark et Michael Holquist, que nous devons la première conceptualisation de la notion de « dialogisme », à savoir la présence interactive d'au moins deux voix dans un énoncé. Fortement influencée par Mikhaïl Bakhtine, dont elle a contribué à faire connaître les travaux en France, Julia Kristeva réinterprète le concept de dialogisme de manière à mettre en relief *l'entrecroisement* des citations qui constitue toute œuvre. Ce faisant, elle déplace sur la notion de « texte » (texture) l'accent que le penseur russe mettait sur celle de « discours » (échange), et propose le néologisme « intertextualité » pour décrire le « mouvement essentiel à l'écriture, qui procède en transposant des énoncés antérieurs

---

34. Victor Chklovski, cité par Georges Nivat, « Formalisme russe », *Dictionnaire des genres et notions littéraires*, p. 327. Je souligne.
35. Antoine Compagnon, « Critique littéraire », *ibid.*, p. 429.
36. Tzvetan Todorov, *Mikhaïl Bakhtine, le principe dialogique*, p. 7.
37. Katerina Clark et Michael Holquist, *Mikhail Bakhtin*, p. 11.

ou contemporains[38] ». Cette perspective ouvre une nouvelle avenue à l'exploration, celle de la transformation du texte littéraire, avenue qui aboutira au resserrement du corpus référentiel intertextuel aux seules œuvres littéraires.

Pour ces théoriciens et ceux qui suivront leurs traces, le texte est ainsi un « système de différences » où la signification dépend des relations qu'il noue avec les discours ambiants et/ou les textes précédents. Tandis que les tenants de l'approche interdiscursive, ou dialogique, s'intéressent aux rapports d'une œuvre avec les discours qu'elle interpelle plus ou moins directement, les théoriciens de l'intertextualité se penchent sur les modes d'intégration ou d'articulation des univers textuels qu'elle abrite ou dont elle dérive. En d'autres termes, ces approches concernent respectivement les rapports qu'entretiennent un énoncé avec les énoncés précédents et un texte avec les textes précédents. Ce sont ces approches analytiques qui nous permettront de cerner les deux grandes stratégies qu'exploite Monique Wittig afin de subvertir la forme romanesque.

**La transgression intertextuelle et dialogique**

Nous venons de voir deux dimensions potentiellement subversives dans les œuvres littéraires : la dimension discursive, qui situe l'œuvre dans son contexte historique, social, politique, etc., et la dimension intertextuelle, qui la relie aux autres textes par le genre auquel elle se rattache, par sa structure, ses thèmes, etc. On mesurera donc la subversion discursive de l'œuvre de Monique Wittig en fonction de son rapport plus ou moins conflictuel avec les discours ambiants, et sa subversion textuelle – au second degré par rapport à la subversion discursive –, en fonction de l'étendue de la rupture qu'elle opère avec les conventions littéraires établies. Il va sans dire que dans chacun de ces cas, la subversion peut être présente au niveau du contenu (axe horizontal) ou de la forme (axe vertical).

---

38. Nathalie Piégay-Gros, *Introduction à l'intertextualité*, p. 12.

Pour plus de clarté, nous proposons la typologie suivante des types de subversion. Sur le plan interdiscursif, lorsque la transgression repérée se situe au niveau du seul propos, comme cela se produit dans nombre de romans libertins ou engagés, nous sommes en présence d'une œuvre *explicitement* subversive. Si, au contraire, la transgression apparaît surtout au niveau de la structure de l'œuvre, comme c'est souvent le cas dans les fables de La Fontaine, par exemple, nous sommes en face d'une œuvre *implicitement* subversive. Parallèlement, sur le plan intertextuel, une œuvre sera classée comme *explicitement* subversive s'il y a transgression du thème du texte cité – comme c'est le cas du poème de Baudelaire *L'Homme et la Mer* dans le *Chant* I, 9 de Lautréamont, où le parallèle entre entre l'homme et la mer « est distendu comme une baudruche, saisi dans un impertinent bavardage[39] ». À l'inverse, elle appartiendra à la catégorie des textes *implicitement* subversifs si le traitement formel de l'emprunt mine l'œuvre source ; c'est ce qui se produit, par exemple, dans *Fictions*, lorsque Borgès évoque la réécriture du *Don Quichotte* de Cervantès par Pierre Ménard.

En outre, rien n'empêche un auteur de combiner les dimensions discursive et textuelle, ou même de les superposer de manière à obtenir une œuvre subversive sur ces deux plans. Ce pourrait être le cas de *La Divine Comédie*, qui s'inspire à la fois d'un célèbre épisode de *L'Odyssée* d'Homère (la descente aux enfers) et de la situation d'exilé politique de Dante, ou de la suite du *Don Quichotte* de Cervantès qui, sans cesser de parodier les romans de chevalerie, se transforme en une charge contre les palabres des érudits et des critiques « autour de la négation de la beauté idéale, de la beauté concrète[40] ». Dans cet ouvrage, nous montrons que l'œuvre de Monique Wittig appartient à cette catégorie de textes subversifs.

Pour mener à bien ce projet, nous consacrons donc un chapitre à chacune des deux grandes stratégies qu'utilise l'auteur. Dans le premier chapitre, nous examinons comment

---

39. Laurent Jenny, « La stratégie de la forme », p. 276.
40. « Don Quichotte », *Le Nouveau Dictionnaire des œuvres*, t. II, p. 2020.

l'auteur systématise le métissage textuel propre au roman et évaluons l'impact de cette formalisation sur ses formes canoniques. Dans le deuxième chapitre, nous analysons les effets de son élargissement du dialogisme aux pronoms et aux structures narratives. Au terme de cette analyse, nous en arrivons, croyons-nous, à définir la forme spécifique que revêt la subversion formelle dans l'œuvre de Monique Wittig. Forme que nous proposons de nommer « contre-texte » d'après le néologisme tiré des *Guérillères* :

NON – SIGNES DÉCHIRANT
SURGIS VIOLENCE DU BLANC
DU VIVACE DU BEL AUJOURD'HUI
D'UN GRAND COUP D'AILE IVRE [...]

SURGIS NON – SIGNES ENSEMBLE
ÉVIDENTS – DÉSIGNÉ LE TEXTE [...]
QUI MANQUE

LACUNES LACUNES LACUNES
CONTRE TEXTES
CONTRE SENS
CE QUI EST À ÉCRIRE VIOLENCE
HORS TEXTE (*G*, p. 205).

# I. La subversion intertextuelle

> *Toute œuvre littéraire importante est, au moment de sa production, comme le cheval de Troie. Toute œuvre ayant une nouvelle forme fonctionne comme une machine de guerre, car son intention et son but sont de démolir les vieilles formes et les règles conventionnelles[1].*

Dans l'ensemble de son œuvre, Monique Wittig convoque une quantité phénoménale de textes qui appartiennent à un vaste répertoire de genres littéraires, depuis le mythe jusqu'au scénario en passant par la chanson, le poème, le conte, l'entrée de dictionnaire et la réflexion philosophique. Toutefois, l'auteur ne se contente pas, suivant la définition qu'a donnée Julia Kristeva de l'intertextualité, d'absorber et de transformer des fragments de textes afin d'en faire « un assemblage de styles[2] ». Au contraire, elle combine astucieusement ces « redites comptées », pour reprendre la formule de Stéphane Mallarmé, de manière à miner ce genre littéraire, à le transformer en un nouveau cheval de Troie. Dans la mesure où la « forme artistique, c'est la forme d'un contenu[3] », Monique Wittig s'attaque également à l'« architectonique » du roman, c'est-à-dire à « l'unification et l'organisation [de ses] valeurs cognitives et éthiques[4] ». Autrement dit, elle prend aussi d'assaut le système conceptuel qui sous-tend le genre romanesque. La création de nouvelles formes littéraires à partir de l'agencement *explosif* d'« intertextes », ou textes cités, constitue la pierre angulaire du projet littéraire de l'auteur. Notre étude de cet agencement explosif s'appuie sur

---

1. Monique Wittig, « Le cheval de Troie », p. 37.
2. Mikhaïl Bakhtine, *Esthétique et Théorie du roman*, p. 88.
3. *Ibid.*, p. 69.
4. *Loc. cit.*

des analyses et des outils qui trouvent une application directe dans son œuvre. Avant d'entamer cette étude, nous allons donc brièvement examiner ces analyses et outils élaborés par les théoriciens suivants : Julia Kristeva, Laurent Jenny, Gérard Genette et Mikhaïl Bakhtine.

Commençons par l'examen que fait Julia Kristeva des ruptures que la présence de différentes « redites » entraîne dans les systèmes de signes préexistants (genres littéraires, économie conceptuelle, langue, etc.)[5]. La théoricienne rappelle que l'émergence du roman moderne, à la fin du Moyen Âge, rompt avec la linéarité et l'univocité du genre épique (symbolique) en y mélangeant « d'une part le discours vocal (la littérature profane), d'autre part l'espace courbe (le volume [propre aux images] contre la ligne)[6] ». Or, les ruptures de ce genre « constituent une revendication de fait contre les contraintes de l'idéologie traditionnelle du sens ("vraisemblance", "lisibilité", "expressivité" d'un sujet imaginaire [...])[7] ». En résumé :

> Kristeva s'interroge sur le surgissement du texte littéraire ou poétique à l'intérieur du champ social, c'est-à-dire aussi à l'intérieur du langage, mais travaillant contre lui, voulant le rompre (Lautréamont, Rimbaud, Mallarmé), le transformer (Joyce, Artaud, Céline) ou, plus radicalement encore, le détruire (Sollers, Guyotat)[8].

Pour elle, le texte littéraire est donc subversif lorsqu'il atteint le langage.

L'attention que Julia Kristeva porte à l'inscription d'une réflexion contestataire dans la matière même du langage (syntaxique, sémantique, syntagmatique) éclaire un aspect important de la démarche de Monique Wittig, comme en atteste la présence de néologismes, de mots scindés et d'incorrections grammaticales. Cependant, l'application la plus

---

5. Julia Kristeva, *La Révolution du langage poétique*..., p. 59.
6. Julia Kristeva, *Le Texte du roman*..., p. 209.
7. Roland Barthes, « Texte », *Dictionnaire des genres et notions littéraires*, p. 818. On pense ici à l'œuvre implicitement subversive sur le plan discursif.
8. François Poirié, « Julia Kristeva », *ibid.*, p. 395.

déterminante de l'analyse de la théoricienne concerne son insistance sur les relations qu'entretiennent les textes cités entre eux. De fait, le dégagement de l'organisation structurelle des emprunts met au jour le fonctionnement global de la subversion dans chacun des textes de Monique Wittig.

L'analyse sémiologique de Julia Kristeva ne rend toutefois pas compte du sabotage que pratique Monique Wittig au niveau de l'enchâssement même de ses emprunts. À cet égard, ce sont les travaux de Laurent Jenny sur le traitement des intertextes qui se sont avérés le plus utiles pour exposer la nature stylistique de certains enchâssements. Ce poéticien part du postulat que le texte récepteur partage une « commune structuration poétique du contenu[9] » avec le texte cité. Pour décrire les transformations stylistiques que subissent les emprunts, il propose donc une classification fondée sur les figures de rhétorique. Ainsi, une transformation par amplification, par exemple, développera les virtualités sémantiques d'un texte originel, tandis qu'une interversion de la situation énonciative renversera la perspective de ce texte.

Dans la mesure où les enchâssements stylistiques s'appliquent spécifiquement à des emprunts fragmentaires et donc privés d'autonomie, comparativement à ceux que l'on retrouve dans les enchâssements narratifs (récits dans le récit), ils réclament des déterminations sémantiques, ou « isotopies », particulièrement accusées. Laurent Jenny recense deux types d'isotopie stylistique qui rendent compte des modes d'harmonisation des intertextes que l'on retrouve dans les romans de Monique Wittig. L'*isotopie métonymique* renvoie aux situations où « un fragment textuel est utilisé, appelé, parce qu'il permet de poursuivre avec une précision souvent "de première main" le fil de la narration » (p. 274) ; l'*isotopie métaphorique* décrit les cas où « un fragment textuel est appelé dans le contexte par analogie sémantique avec lui » (p. 274).

---

9. Laurent Jenny, « Sémiotique du collage intertextuel... », p. 170. La pagination des extraits tirés de cet article sera ajoutée à leur suite et placée entre parenthèses.

Le repérage des isotopies stylistiques a également rendu possible la détection des réseaux d'intertextes qui traversent ou ponctuent les œuvres de Monique Wittig. Ce nombre considérable d'emprunts indique clairement que l'intertextualité y joue le rôle d'une « machine de guerre permettant la désorganisation de l'ordre du récit et la mise en pièces du réalisme (ce qui est tout un) » (p. 269). En ce sens, les isotopies – qui « se dessinent comme pour suppléer à la déficience de la structure narrative et offrir une unité contre la multiplicité des écritures » (p. 269) – maintiennent la cohésion du texte centreur, lui donnent la possibilité de « garder le leadership du sens » (p. 262).

C'est par ailleurs grâce à l'approche restrictive de l'intertextualité, que propose Laurent Jenny, que nous avons limité le corpus intertextuel aux seules œuvres littéraires et artistiques. Comme le constate Nathalie Piégay-Gros, à la suite du théoricien : « Il n'est pas indifférent qu'un roman cite particulièrement un auteur et un genre donné[10]. » Sa lisibilité littéraire dépend de cette reconnaissance par le lecteur qui peut, dès lors, situer la portée – subversive ou non – des emprunts.

Si l'approche que propose Laurent Jenny s'applique parfaitement au contenu intertextuel de l'œuvre de Monique Wittig, il n'en va pas de même pour ses filiations textuelles, principalement l'appartenance à un genre littéraire, les dérivations structurelles et les transpositions formelles. Pour traiter cette deuxième dimension intertexuelle qu'investit l'auteur, nous avons eu recours à l'analyse structurale que présente Gérard Genette dans *Palimpsestes*. Celui-ci y répertorie cinq types de relations « transtextuelles » pour décrire « tout ce qui met [un texte] en relation manifeste ou secrète avec d'autres textes[11] ». Nous n'avons retenu qu'un seul de ces types pour la fonction cruciale qu'il occupe dans le corpus : l'« hypertextualité », que Genette décrit comme la rela-

---

10. Nathalie Piégay-Gros, *op. cit.*, p. 37.
11. Gérard Genette, *Palimpsestes*..., p. 7. La pagination des citations de cet ouvrage apparaîtra entre parenthèses à leur suite.

tion de dérivation évidente qu'entretient un nouveau texte (l'« hypertexte ») avec un texte antérieur (l'« hypotexte »).

De même que les outils que propose Laurent Jenny ont été utiles pour traiter la transformation des fragments de textes que l'on retrouve dans l'œuvre de Monique Wittig, de même ceux qu'élabore Gérard Genette ont permis d'aborder ses détournements d'œuvres antérieures par la *transformation* de leur lettre. Suivant la typologie établie par ce dernier, Monique Wittig pratique deux types de dérivations hypertextuelles, la transformation parodique et la transformation sérieuse ou transposition.

La parodie, présentée par Gérard Genette comme « une modification ponctuelle, voire minimale, ou réductible à un principe mécanique [recontextualisation, lipogramme oulipien, translation lexicale...] » (p. 291), se révèle la pratique la plus transparente vis-à-vis du texte source. En effet, elle consiste à reprendre littéralement un texte bien connu et à l'adapter à un nouveau contexte. Monique Wittig recourt à ce procédé lorsqu'elle veut « désintroniser », par exemple, une formule con/sacrée, comme « Le Corps du Christ », qui devient « Le Corps lesbien » (titre du troisième roman de l'auteur).

Quant à la transformation par transposition, Genette la décrit comme la forme hypertextuelle la plus influente, du fait des innovations qu'elle facilite sur le plan de la composition *et* des nuances qu'elle permet sur celui de l'expression[12]... innovations et nuances qui s'expliquent par « l'amplitude et la diversité des procédés qui [y] concourent » (p. 291). Deux de ces procédés sont présents dans notre corpus. Le premier, baptisé « transtylisation », renvoie au passage d'un style à un autre. Dans l'œuvre de Monique Wittig, il prend plutôt la forme d'une restylisation par le mélange d'anciens styles.

Le deuxième, la « transexuation », exige plus d'explications. Il concerne le changement du sexe d'un personnage de manière à opérer la recontextualisation de l'univers narra-

---

12. « Thomas Mann, écrit G. Genette, constamment oscille entre l'ironie et l'humour : nouvelle nuance, nouveau brouillage, c'est le fait des grandes œuvres » (p. 46).

tif. « Les transexuations les plus intéressantes, écrit Gérard Genette, sont celles où le changement de sexe suffit à renverser, parfois en la ridiculisant, toute la thématique de l'hypotexte » (p. 424). Entre autres exemples, il s'attarde sur celui de la féminisation de Crusoé dans *Suzanne et le Pacifique* (1921) de Jean Giroudoux, qui suggère, selon lui, « que l'obsession civilisatrice est une maladie propre au sexe masculin, et que, au moins parmi les Européens pervertis, seule une femme peut éviter cette tentation, ou la surmonter très vite » (p. 429). Dans le cas de l'œuvre de Monique Wittig, toutefois – et c'est là la grande révolution que tente d'opérer l'écrivain –, il s'agit de sortir de la conception biosociale des sexes comme entités (essences) plus ou moins distinctes ou polarisées pour représenter la complexité intégrale propre à la condition humaine. En ce sens, s'il y a transexualisation des personnages des textes antérieurs elle se fait sur le mode de la décatégorisation, puisque l'auteur évite de marquer (« genrer ») ses protagonistes en fonction de leur sexe biologique en recourant, par exemple, à des formes épicènes ou à des stratégies de brouillage du marquage. Je propose de nommer « dé-marquage[13] » ce procédé qui vise à contrer, voire éliminer, le sexe social[14] en minant les indices linguistiques (pronoms personnels, accords en fonction du genre grammatical, etc.) et représentationnels (comportementaux et vestimentaires) qui y sont associés. Le marquage, on l'aura compris, signale pour l'auteur la domination de la classe de sexe des femmes par la classe de sexe des hommes[15]. « Heureuse si comme Ulyssea j/e pouvais revenir d'un long voyage » (*CL*, p. 16), déclare l'instance narrative du *Corps*

---

13. Je remercie le Conseil de recherches en sciences humaines du Canada pour le financement de mon étude *Mort annoncée du genre : stratégies de « dé-marquage » des catégories de sexe dans les œuvres de féministes universalites depuis le XVII$^e$ siècle en France* (2004-2007).
14. « J'entends par sexe social à la fois la définition idéologique qui est donnée du sexe, particulièrement de celui des femmes (ce que peut recouvrir le terme "genre") et les aspects matériels de l'organisation sociale qui utilisent (et aussi transforment) la bipartition anatomique et physiologique. » Nicole-Claude Mathieu, *L'Anatomie politique...*, p. 266.
15. Monique Wittig, « La Marque du genre », *La Pensée straight*, p. 127-138.

*lesbien*, en écho au célèbre vers « Heureux qui, comme Ulysse, a fait un beau voyage », de Joachim du Bellay.

Afin d'ordonner l'ensemble des dimensions intertextuelles que comporte l'œuvre de Monique Wittig, il nous a fallu recourir à un dernier théoricien, Mikhaïl Bakhtine. Nous avons adapté, en le transposant à l'univers littéraire, ce procédé d'« hybridisation » qu'il définit comme « le mélange de deux langages sociaux à l'intérieur d'un seul énoncé, [...] la rencontre dans l'arène de cet énoncé de deux consciences linguistiques, séparées par une époque, par une différence sociale, ou par les deux[16] ». C'est ainsi que nous avons pu cerner la stratégie centrale qu'emploie Monique Wittig, et qui consiste à réunir, dans l'espace de l'œuvre, au moins deux textes appartenant à des genres littéraires distincts. Monique Wittig dédouble, cependant, cette stratégie que nous appelons « hybridation », en lui donnant deux formes différentes. Elle procède à une hybridation « radicale » – au sens étymologique du terme – lorsqu'elle entrecroise systématiquement, dans l'ensemble de son œuvre, des catégories narratives, des éléments génériques ou stylistiques appartenant aux deux grandes traditions fondatrices de la littérature occidentale que représentent l'épopée et le poème lyrique. Elle opère, de plus, une hybridation « structurale » lorsqu'elle élabore, à l'intérieur de chacun de ses « romans », de véritables montages intertextuels qui contribuent à restructurer le genre littéraire auquel il appartient (le roman d'aventures, par exemple). Notre parcours de cette grande stratégie de l'hybridation se déroulera en deux temps, suivant ces deux niveaux d'intervention.

*L'hybridation radicale : la transgression de l'architexte romanesque*

Nous l'avons dit, Monique Wittig entrecroise systématiquement, dans l'ensemble de son œuvre, les grandes formes

---

16. André Lamontagne, *Les Mots des autres...*, p. 15, p. 176.

originelles de la littérature occidentale que sont l'épopée et le poème lyrique. Du côté des textes épiques, elle convoque notamment *Le Mahâbhârata* (*La Grande Guerre des Bharatas*), *Les Métamorphoses* d'Ovide, les épopées de Virgile, *La Divine Comédie* de Dante, *La Chanson de Guillaume* et le *Lancelot* de Chrétien de Troyes. Mais ses sources les plus constantes demeurent *L'Iliade* et *L'Odyssée* d'Homère, c'est-à-dire le récit de la fin de la guerre de Troie et du long voyage de retour d'Ulysse à l'issue de cette guerre. Ces épopées homériques – les premiers monuments de la littérature grecque, et donc occidentale – sont à l'origine de notre conception du genre épique en tant que récit « d'actions et de thèmes héroïques[17] », caractérisé le plus souvent par des références à la mythologie et à l'histoire, et par l'usage de figures de style consacrées qui, comme l'hyperbole, gonflent l'information, magnifient et intensifient la représentation, afin de « célébre[r] et justifie[r] la communauté, la hiérarchie, le charisme des chefs[18] ». En outre, il « apparaît que l'épopée chante souvent la quête d'une épouse et les différentes épreuves qui lui sont afférentes[19] ». Monique Wittig assimile et subvertit plus particulièrement la forme épique dans deux de ses œuvres. Elle le fait d'abord dans *Les Guérillères*, publié en 1969, où elle s'attache à décrire plaisamment la lutte que mènent les « elles » contre les « ils », à savoir l'ensemble des êtres habituellement désignés « femmes » contre l'ensemble des êtres habituellement désignés « hommes ». Elle le fait ensuite dans *Virgile, non*, paru en 1985, où elle raconte avec ironie la traversée dantesque, par deux lesbiennes contemporaines, de l'enfer que représente la vie d'êtres condamnés à l'exploitation économique, sexuelle et biologique.

Du côté des textes lyriques, Monique Wittig interpelle dans son œuvre, entre autres exemples, *Le Cantique des cantiques* et des vers du poète latin Tibulle, de poètes courtois comme Guillaume d'Aquitaine ou Arnaud Daniel, de poètes de

---

17. Daniel Madelénat, *L'Épopée*, p. 74.
18. *Ibid.*, p. 14.
19. Nicole Revel, « Épopée », *Dictionnaire des genres et notions littéraires*, p. 248.

l'école lyonnaise comme Louise Labé et Maurice Scève, ainsi que d'autres auteurs comme François de Malherbe, John Donne, Edgar Allan Poe ou Charles Baudelaire. Mais de même qu'elle revient sans cesse aux épopées homériques, de même elle revient à Sappho, également appelée l'« Homère féminin[20] » par les grammairiens de l'Antiquité parce qu'elle fonda la poésie lyrique (personnelle). De fait, les vers de Sappho rendent compte, sur un ton intimiste et dans une forme monodique brève, de thèmes universels complexes comme l'amour[21] et la mort, ainsi que de sensations comme la beauté sous ses diverses formes ou la fuite du temps. Sappho, dont l'œuvre sera bannie à l'ère chrétienne, est de plus la première à opérer « la mise en relation constante de la vie affective et du spectacle de la nature[22] » et à traiter du désir, notamment entre amantes, avec une intensité d'expression rebelle aux lois et à l'esthétique de son temps. Monique Wittig utilise et transgresse la forme lyrique dans ses premier et troisième romans. *L'Opoponax* (1964) met en scène, entre autres, une adolescente nommée Catherine Legrand qui entreprend de conquérir une camarade de classe appelée Valerie[23] Borge. *Le Corps lesbien* (1973) relate d'implacables rencontres entre deux amantes, représentées par une instance narrative scindée, « J/e » – c'est-à-dire non monolithique ou monologique –, et un « Tu » qui ne peut plus, par conséquent, être défini comme l'« Autre ».

Le choix de Monique Wittig d'intégrer en priorité à son œuvre les formes fondatrices du système de représentation

---

20. Édith Mora, *Sappho. Histoire d'un poète et traduction intégrale de l'œuvre*, p. 8. L'orthographe du nom de la poète peut varier. Nous adoptons celle que choisit Édith Mora. Notons que des neuf livres qui formaient l'œuvre de Sappho, il ne reste qu'à peine six cent cinquante vers. Les autres ont disparu, détruits notamment lors d'autodafés à partir de l'ère chrétienne.
21. « Homère était naïf, pudique et conventionnel dans l'expression [de l'amour], Archiloque brutal et sincère, Mimnerme tendre et superficiel. Sapho est lucide et [...] aussi courageuse devant les complexités de l'amour qu'Achille devant la pesée du destin et Ulysse devant les dangers du monde. » Léon Thoorens, *Panorama des littératures...*, p. 224.
22. *Loc. cit.*
23. Le prénom « Valérie » apparaît sans accent dans le texte.

littéraire occidental que sont les textes épiques et lyriques s'avère fort astucieux puisqu'il lui permet de convoquer du même coup l'ensemble des genres littéraires. De la sorte, elle ne se contente pas d'intégrer deux formes littéraires au roman, d'opérer *leur* « libération de tout ce qui est conventionnel, nécrosé, ampoulé, amorphe, de tout ce qui freine leur propre évolution, et les transforme en stylisation des formes périmées[24] », mais elle étend cette « libération » à tous les genres littéraires, y compris le roman. Par ce procédé, elle contourne également la difficulté majeure que représente, pour qui veut bousculer en profondeur le genre romanesque, sa saisie. En effet, dans la mesure où cette forme littéraire est intrinsèquement polymorphe et a-canonique[25], et donc infiniment souple et fluide (réceptive à tous les types de textes), seule son infiltration stratégique risque d'avoir un réel impact sur elle. C'est pour cette raison que Monique Wittig intervient au niveau des fondations mêmes du genre, de son architexte, à savoir ses personnages, ses styles et ses thèmes. Pour ce faire, elle emprunte des éléments aux formes épiques et lyriques qu'elle entremêle ingénieusement. Quelques exemples nous permettront de voir plus précisément l'entrelacement des textes homériques et sapphiques.

Dans l'ensemble de son œuvre, Monique Wittig prête à ses protagonistes la liberté avec laquelle Sappho exprime ses sentiments et ses opinions[26]. Rappelons que les vers de cette poète ont déchaîné de si violentes critiques, en particulier de la part des pères de l'Église, qu'elle en est venue, au fil des siècles, à représenter la résistance des femmes à leur asservissement et à leur abrutissement par les sociétés androcentrées. Comme Sappho, l'auteur représente des femmes athlétiques,

---

24. Ce que Mikhaïl Bakhtine appelle la « romanisation », *Esthétique et Théorie du roman*, p. 472.
25. *Loc. cit.*
26. Sappho « est une révoltée : elle dit non ! Non aux hommes qui refusent aux femmes le droit d'aimer, non au tyran démocrate qui vient détruire la société aristocratique dont elle est une haute figure (et il l'exile !), non encore, parfois, aux dieux [...], enfin [elle] est la première à avoir ouvert la lignée, souvent tragique, des accusés, dans les procès que la morale fit au génie », Édith Mora, *op. cit.*, p. 10.

savantes, cultivées, de tous les âges, mais dans des contextes plus épiques (souvent inspirés par les épopées d'Homère).

Dans *Les Guérillères*, par exemple, Monique Wittig se réfère à la scène suivante du Chant X de *L'Iliade*, où les héros Ulysse, « noble gloire des Achéens », et Diomède, « le Fort », vont se baigner dans la mer après avoir raflé des chevaux aux Troyens :

> Ils attachent les chevaux à la crèche, [...] après quoi, ils entrent dans la mer ; ils y lavent la sueur abondante qui couvre leurs jambes, leur dos et leurs cuisses : puis, quand le flot de mer a lavé sur leur corps la sueur abondante [...], ils offrent à Athéna des libations de doux vin[27].

Sous la plume de notre auteur, cette scène devient : « Les petites filles ont posé leurs fusils. Elles avancent dans la mer et s'y plongent, la sueur coulant le long de leur cou, sous leurs aisselles, dans leur dos » (*G*, p. 150). La substitution des personnages homériques par des « petites filles » anonymes, dégonfle, d'une part, l'aura de virilité associée à la notion même de héros, et décape, d'autre part, le vernis de sentimentalisme attaché aux figures de fillettes dans la culture occidentale. Sur le plan plus strictement stylistique, cette substitution tourne en dérision la surenchère épique.

Monique Wittig remplace également, dans ce passage, les libations offertes à Athéna, protectrice des Achéens, par une récitation de vers de Sappho, « la poétesse des Troyens[28] », dans lesquels cette dernière remet en question, justement, la domination de l'esthétique épique telle qu'elle s'est imposée depuis Homère : « Est-ce vraiment la plus belle chose sur la terre sombre un groupe de cavaliers dont les chevaux vont au trot ou bien une troupe de fantassins martelant la terre [...] » (*G*, p. 150)[29]. L'auteur s'amuse d'ailleurs à prendre le contrepied de cette esthétique en s'inspirant des Amazones – ces

---

27. Homère, *L'Iliade*, p. 221.
28. Édith Mora, *op. cit.*, p. 44.
29. Cette esthétique s'imposera encore pendant des siècles en Occident sous l'influence, entre autres, de la *Poétique* d'Aristote.

« guerrières égales de l'homme[30] », dit seulement d'elles l'auteur de *L'Iliade* – pour dépeindre ses guérillères : « Elles sont sur leurs chevaux bondissants, sans cesse cabrés. Elles se portent sans ordre à la rencontre de l'armée ennemie » (*G*, p. 147).

Voyons un exemple plus complexe d'entrecroisement des textes sapphique et homérique, cette fois-ci dans *Le Corps lesbien*. Monique Wittig y reprend le cadre du Chant X de *L'Odyssée*, qui décrit en ces termes le retour manqué d'Ulysse, après neuf jours de navigation sous les auspices du roi Éole :

> Le dixième [jour], se découvraient déjà les champs paternels [...]. Alors le doux sommeil me saisit, dans ma fatigue ; car je tenais toujours la bouline [...], afin d'arriver plus vite à la terre de mes pères. [...] Mes compagnons parlaient entre eux, prétendant que je portais chez moi de l'or et de l'argent, présents [du roi] Éole. [...] Ils ouvrirent l'outre [que ce dernier m'avait offerte] et tous les vents s'échappèrent [nous ramenant vers la haute mer]. Et moi je m'éveillai et délibérai en mon cœur sans reproche : me jetterais-je du vaisseau pour périr dans la mer, ou souffrirais-je en silence, demeurant encore parmi les vivants[31] ?

Parallèlement, elle se réfère à des vers de Sappho qui évoquent des moments de bonheur collectif et privé, dont voici des exemples :

> Les sons de la flûte douce et de la cithare s'élevaient mêlés/ au cliquetis des crotales ; mélodieusement des jeunes filles chantaient [...]/ [...] c'était la fête car on avait rempli des cratères et des coupes, sur de belles dalles de pierre ; la myrrhe la cannelle et l'encens mêlés s'exhalaient,

> et toute cette myrrhe versée/ ce brenthium dont pour moi tu imprégnais/ ta chair et ce parfum de reine[32].

---

30. Homère, *op. cit.*, p. 140. Il écrit aussi « les mâles Amazones », *ibid.*, p. 84.
31. *Ibid.*, p. 144.
32. Sappho traduite par É. Mora, *op. cit.*, p. 400 et 364. Toutes les citations de Sappho seront tirées de cette traduction.

L'influence de ces vers lui permet de remplacer le climat de méfiance qui règne à bord du bateau d'Ulysse – méfiance où se marque l'écart qui existe entre de simples guerriers et le héros homérique – par une ambiance de liesse et de solidarité à bord du bateau d'« Ulyssea ». La distinction de « nature » du héros en tant qu'être supérieur (« en mon cœur sans reproche ») fait place à de simples distinctions comportementales dans l'expression d'une joie partagée : certains membres de l'équipage jouent de la musique, d'autres se délassent ou évoquent des souvenirs. Cette référence aux vers de Sappho autorise la représentation d'un Ulysse lesbianisé (Ulyssea), plus préoccupé de retrouver son amante que « la terre de [s]es pères » :

> Les abords de l'île m/e sont signalés [...]. À l'annonce de la terre toutes sont debout et se préparent. [...] Les bassines à parfum sont sorties sur le pont. C'est le santal c'est l'ambre c'est le benjoin c'est le musc c'est l'opoponax. Elles les mélangent à des huiles avant de les répandre sur les peaux [...]. Tous les instruments de musique sont disposés sur le pont. M/oi à l'écart j//essaie de faire revivre [...] ton visage (*CL*, p. 16)[33].

Ainsi, dans le texte de Monique Wittig, ce n'est pas la cupidité des compagnes qui compromet les retrouvailles, mais la disparition de l'aimée conjuguée à l'absence de port où aborder. D'où le désir de mourir de la narratrice :

> [J]e suis [...] sur la terre la plus inhospitalière qui soit celle qui ne te porte pas [...]. J/e peux arracher de m/on front le bandeau violet qui signale m/a liberté si chèrement acquise comme pour vous toutes m/es très chères j/e vous demande si vous m//aimez de m/e laisser mourir une nuit très loin dans la mer (*CL*, p. 16),

désir que Sappho a elle aussi éprouvé et exprimé : « Atthis... je ne la verrai donc plus ?/ Mourir... voilà ce que je veux », « Un désir me tient de mourir »[34].

---

33. Sappho évoque également le visage de son amante : « Il me semble miroir/ du soleil ou de la lune/ ton beau visage/ quand tu es là près de moi », *ibid.*, p. 358.
34. *Ibid.*, p. 364 et 380. Sappho interpelle elle aussi ses choristes (Sappho était maîtresse de chœurs de jeunes filles) et ses compagnes dans ses vers : « Pour vous mes belles », « vous vous rappellerez [...] tout ce que [...]

En associant le récit du retour manqué d'Ulysse dans son pays aux vers de Sappho, qui connut la déportation pendant le règne d'un tyran achéen à Mytilène, Monique Wittig reconfigure l'espace de l'exil du héros épique. De fait, en tant que lesbienne (au sens moderne du terme), sa narratrice est moins l'exilée d'un lieu géographique – il n'y a plus, comme au temps de Sappho, un « Lesbos » où retourner – que d'un espace conceptuel hostile. En ce sens, Monique Wittig met en relief le combat d'un être condamné à vivre dans un monde qui nie son existence, où il est banni de la représentation – sauf à être ridiculisé ou perverti[35]. Il faut se rappeler que le déclin de la civilisation pré-hellénique (dont Lesbos est l'un des derniers bastions à l'époque de Sappho[36]) signe le moment de ce que les historiens ont appelé « la grande défaite historique » des femmes : « La femme vit en état de sujétion, devient une éternelle mineure reléguée au gynécée[37] ». C'est le moment où l'établissement du mariage monogamique fait d'elle « un instrument de procréation, [ou] un objet d'agrément[38] », bref, un être qui n'est plus libre d'agir au gré de son désir, comme a pu le tenter la belle Hélène, mais doit rester sagement, comme Pénélope, à la « place » que lui assigne désormais la logique essentialiste, à savoir la « féminitude »[39] (pacifisme-passivité, altruisme-abnégation, douceur-vulnérabilité, etc.). Le suicide, dans ces conditions, devient une forme de résistance, comme le confirmera explicitement le théâtre d'Euripide après Sappho.

---

nous avons fait », « allons, mes amies, cessons de chanter », *ibid.*, p. 390 et 398.
35. Elaine Marks, « Lesbian Intertextuality », p. 360.
36. « Dans la démocratique Athènes, les droits des femmes étaient rigoureusement limités [...]. Elles n'avaient absolument pas de droits politiques, elles ne pouvaient pas participer à la marche de la cité [...] », *Dictionnaire de l'Antiquité*, p. 410.
37. Léon Thoorens, *op. cit.*, p. 221.
38. André Bonnard, *De l'Iliade au Parthénon*, p. 199.
39. Cette logique se rapporte « à une nature féminine, virtuellement déterminée dans sa différence spécifique, et qu'un sujet aurait pour charge d'actualiser dans l'après-coup de cette détermination », Michel Kail, « La conscience est liberté... », p. D 4.

Un dernier exemple d'entrelacement de passages homériques et sapphiques nous permettra de mieux saisir comment l'hybridation des textes épiques et lyriques s'articule à l'échelle d'une œuvre, et non plus seulement au niveau de séquences isolées. Dans *Virgile, non*, Monique Wittig met en scène une odyssée à la manière d'Homère, avec descente en enfer, épreuves variées et présence de monstres, mais elle le fait sans adhérer à cet univers symbolique – la représentation d'essences distinctes (dieux/hommes, héros/simples guerriers, hommes/femmes), d'un déterminisme transcendantal (les personnages accomplissent leur destin), de personnages allégoriques (Achille incarne le courage et Ulysse l'imagination). À la place, elle adopte l'approche matérialiste de Sappho, son « art de choses et d'événements [où] la part de l'âme est quasi nulle[40] ».

Plus spécifiquement, nous assistons dans ce roman à l'ironique descente de deux lesbiennes dans l'enfer sur terre auquel correspond la féminitude en termes de pauvreté, de servitude domestique et sexuelle, etc., ainsi qu'à leurs nombreux efforts pour tenter de libérer les « âmes damnées », c'est-à-dire les femmes, qui y vivent. Pour raconter cette nouvelle épopée qui retient « les valeurs de l'agression et de l'affirmation de soi[41] » du genre épique, l'une des lesbiennes, qui est aussi la narratrice de l'œuvre, à savoir « Wittig », place son récit sous l'égide de « Sappho », « un des rares noms dont on n'ait pas à rougir » (*VN*, p. 16). Elle le fait formellement en recourant, comme la poète de l'Antiquité, à des objets servant d'agents intercesseurs « chargés de transmettre ses sensations, ses sentiments, ses idées[42] », ainsi qu'à un lexique concret qui confère une dimension sur/réaliste à son récit. La scène finale du roman illustre particulièrement bien l'hybridation globale des textes homériques et sapphiques en ce qu'elle décrit un repas en plein air comme on en trouve dans *L'Iliade* et *L'Odyssée*, mais où l'atmosphère est à la fête et où les personnages sont des lesbiennes, comme les

---

40. André Bonnard, *op. cit.*, p. 126.
41. Daniel Madelénat, *op. cit.*, p. 96.
42. Édith Mora, *op. cit.*, p. 294.

amantes qu'évoque Sappho. Notons que ces dernières sont plaisamment désignées par le mot « anges », terme qui échappe aux concepts de féminité et de masculinité. On remarquera, en outre, dans l'énumération des ustensiles, l'ambiguïté dont joue Monique Wittig à propos d'objets utilitaires susceptibles de devenir des armes ou d'en être, ce que signale, par exemple, le double sens du mot « fusil » désignant tout autant un instrument pour aiguiser les couteaux qu'une arme à feu. L'auteur court-circuite ainsi la connotation féminine associée à la préparation d'un repas. Ce passage nous permet d'évaluer la portée de son détournement du système conceptuel binaire tel qu'il s'articule dans l'économie symbolique occidentale.

> Au milieu de l'esplanade il y a une cuisine de plein air autour de laquelle vont et viennent des anges portant les divers ustensiles, les casseroles, les seaux, les chaudrons, les bassines, les cuves, les poêles, les plats, [...], les fusils, les broches, les lardoires, les haches, les crocs, les marteaux. [...] Des anges musiciens groupés sous des madrones et des pins maritimes jouent de la clarinette, du piano, du saxophone et de la batterie. [...] Les aliments sont à cuire [...] Il y a les fours, les fourneaux, les broches, les grils. [...] Certains anges ont les manches retroussées. Leur figure est cramoisie du reflet sur leurs peaux noires et dorées des braises ardentes et des flammes [...] *(VN*, p. 136-137-138).

Après avoir fourni une vue d'ensemble de la forme « radicale » de l'hybridation subversive que pratique Monique Wittig, nous pouvons maintenant nous pencher sur trois de ses principaux procédés, soit la décatégorisation, la restylisation et le métissage thématique qui conduisent à une ouverture radicale des perspectives sur le monde et la littérature.

## Le dé-marquage

Le premier de ces procédés se distingue de celui que Gérard Genette a appelé « transexuation[43] » en ce qu'il consiste non pas à substituer à un personnage appartenant à un sexe, un

---

43. Gérard Genette, *op. cit.*, p. 424.

personnage de l'autre sexe (comme le remplacement de Robinson Crusoë par Suzanne, dans le roman de Jean Giraudoux, *Suzanne et le Pacifique*[44]) pour faire valoir sa spécificité, mais à remplacer un personnage sociosexué par un personnage qui échappe à ce mode de catégorisation établi pour légitimer un rapport de force. Autrement dit, ce procédé révoque la classification des êtres humains en fonction de leur sexe biologique, ainsi que le système conceptuel et politique qui érige des variantes anatomiques – comme le sexe ou la couleur de la peau – en marqueurs d'essences distinctes pour mieux contrôler certaines classes d'individus. C'est pourquoi, nous le baptisons « dé-marquage ».

Ainsi, dans *Le Corps lesbien*, l'apparente féminisation des héros fictifs et historiques s'avère plutôt une neutralisation des pôles de la sociosexuation[45]. De même que la figure du Christ qui devient « Christa » n'est pas, du fait de son dévouement, un modèle représentatif de la masculinité, de même celle de Médée, dont le nom est ajouté à celui d'Archimède (« Archimedea ») et de Ganymède (« Ganymedea »), n'est pas non plus, par sa violence (elle tue ses propres enfants), un modèle représentatif de la féminité. En outre, comme l'écrit Namascar Shaktini : « En insérant un nom féminin dans les noms masculins, Wittig mélange les signes, bouleverse le principe dichotomisant des sexes. Et [...] se situe [...] en dehors du système qui fait du féminin et du masculin deux pôles opposés[46]. » Plus généralement, Monique Wittig recourt, pour parler de ses protagonistes, au pronom indéfini « on » et à des périphrases – « la coalition des O » (pour désigner les individus qui refusent la féminitude qui

---

44. Gérard Genette conclut : « La leçon de ce Robinson femelle, ce n'est pas tellement, comme le disait Baudelaire, que "la femme est naturelle", mais plutôt – Suzanne n'est guère que le développement et l'illustration de ce paradoxe typique – que la nature est femme, et comme elle, spontanément portée au luxe, et à l'artifice », *ibid.*, p. 430. Dans un cas comme dans l'autre, une différence « de nature » est clairement reconduite entre les femmes et les hommes.
45. Voir le troisième mode de conceptualisation du rapport entre sexe et genre que présente Nicole-Claude Mathieu dans « Sexe et genre », p. 195.
46. Namascar Shaktini, « Le déplacement du sujet phallique : l'écriture lesbienne de Monique Wittig », p. 74.

leur est socialement imposée), ou les « âmes damnées » (pour désigner les individus aux prises avec cette féminitude), « les ennemis de l'amour » (pour désigner les individus qui fréquentent les maisons closes). Elle utilise aussi des épicènes comme le pronom « tu », les substantifs « ange », « guide », « transfuges » ou les adjectifs « indomptable », « féroce » et « unique », ainsi que des néologismes comme les mots « Guérillères » ou « Ganymedea ». Enfin, elle détourne le sens de certains termes comme « Odonates[47] » qui devient le nom d'un groupe de conjurées.

À cet égard, l'examen de la liste des 507 prénoms historiques et fictifs qui ponctuent Les Guérillères à intervalles réguliers est fort instructif. Bien que cette liste paraisse, à première vue, constituée de seuls prénoms de « battantes » – « Kali », « Calliope », « Zénobie », « Sigrid » [Walkyrie], « Shéhérazade », « Vlasta », « Brunehaut », « Olympe » [de Gouge], « Simone » [de Beauvoir] –, une lecture plus attentive révèle que tel n'est pas le cas. Outre le tout premier prénom, « Osée », qui renvoie à un prophète biblique (amant d'une prostituée, c'est-à-dire d'une femme non liée par le mariage) mais possède aussi une signification éloquente en soi, on découvre d'autres prénoms masculins comme « Diomède » (héros cocu), « Porphyre » (philosophe hostile au christianisme) ou « Idoménée » (guerrier de Crète). Si Monique Wittig joue sur le référent contextuel ou historique de ces prénoms, elle mise également sur leur étrangeté et sur la finale « féminine » de leur orthographe (le « e » muet) afin de trahir la transparence onomastique vis-à-vis de l'hétéro/sexuation des êtres en « hommes » (essentiellement définis comme conquérants) et en « femmes » (essentiellement définies comme conquises). Or, en accordant, parallèlement, une place importante aux prénoms neutres – « At[t]his » (amant de la déesse Cybèle et amante de Sappho), « Hippolyte » (une des reines des Amazones et le fils qu'elle eut de Thésée), « Camille » (guerrière vierge de L'Énéide et général romain libéral), « Phèdre », « Lucrèce »,

---

47. Le terme désigne un roi rebelle, et aussi le groupe d'insectes auquel appartiennent les libellules.

« Hannah » –, et équivoques – « Josephe » (nom de famille d'un grand historien juif), « Céline » (nom de famille d'un auteur français), « Albertine » et « Gilberte » (personnages ambigus de La Recherche du temps perdu) –, et en opérant la neutralisation d'une quantité importante d'autres prénoms et noms célèbres – « Émère » (Homère), « Orphise » (Orphée), « Heget » (Hegel), « Bulle » (Tibulle), « Emon » (Hémon, ami d'Antigone) –, elle fait également intervenir une distanciation brechtienne entre les modalités nominatives des individus et la réalité politique, sociale, économique qui sous-tend ces modalités, d'autant plus qu'elle a éliminé le nom de famille associé au père en réduisant l'appellation à un seul mot.

La décatégorisation des personnages épiques et lyriques, historiques et fictifs, masculins et féminins entraîne ainsi le remplacement des figures conventionnelles par des figures inattendues, par exemple lorsque Monique Wittig substitue des petites filles à Ulysse et Diomède, ou un groupe de lesbiennes « apatrides » à l'équipage de guerriers exilés de L'Odyssée. En traitant de la sorte des personnages prégnants sur la scène littéraire, comme le guerrier/aventurier, ce procédé d'hybridation radicale exerce ce que Laurent Jenny appelle « une fonction critique sur la forme[48] ». Autrement dit, il permet à Monique Wittig de se désaffilier d'un système représentationnel qui fait correspondre le sexe biologique des personnages, par exemple, à une nature profonde, ou qui construit, comme l'analyse Christine Delphy, le sexe à partir de la notion du genre[49].

Alors que dans l'ensemble de la littérature française, le personnage agent de la conquête – au sens fort du terme – d'un autre personnage est le plus souvent masculin, ce n'est pas le cas dans l'œuvre de Monique Wittig où les principaux personnages, à savoir les lesbiennes, ne se situent plus en fonction des catégories sexuelles. Dans son œuvre, les rôles ne sont pas simplement inversés (il ne s'agit pas de « femmes » qui font la cour à des « hommes »), mais subvertis, abolis (il s'agit simplement d'êtres humains qui se font la

---

48. Laurent Jenny, « La stratégie de la forme », p. 279.
49. Christine Delphy, « Penser le genre : quels problèmes ? », p. 89-101.

cour). De même, le personnage qui se bat et guerroie dans la littérature est systématiquement masculin, à l'exception de Guibourc (une « étrangère ») entourée de ses dames dans *La Chanson de Guillaume* et des quelques récits épiques qui racontent la vie de Jeanne d'Arc (une « sorcière »). Là encore, Monique Wittig se démarque, puisque tous ses protagonistes, indépendamment de leur sexe, de leur âge et du type de relations qu'ils entretiennent, se battent à un moment ou à un autre. En fait, non seulement faut-il se battre pour vivre, dans l'œuvre de l'auteur, mais il le faut aussi pour (s')aimer – et autant que ce soit à armes égales ; sinon, il ne saurait être question d'amour, mais d'un rapport de soumission. En ce sens, le procédé de dé-marquage a pour effet de délivrer les personnages de leurs rôles socioculturels.

Ainsi, l'hybridation des textes épiques et lyriques qu'opère Monique Wittig n'entraîne pas une féminisation des figures de guerriers et une masculinisation des modèles d'amantes, mais bien un démantèlement de la polarisation sociosexuelle qui délimite les sphères d'activité des personnages et l'abolition de la classification même de ces derniers en « hommes » et en « femmes ». Aussi, ces mots et leurs dérivés sémantiques (père, mère, féminin, masculin, etc.) disparaissent-ils au fil de l'œuvre.

**La restylisation**

Outre le métissage des personnages épiques et lyriques, Monique Wittig entrecroise également les styles propres à chacun des genres fondateurs dans l'ensemble de son œuvre. Nous nommons ce procédé « restylisation » pour le distinguer de celui que Gérard Genette appelle « transtylisation », et qui consiste à transposer ou corriger le style d'un texte (comme Mallarmé enrichissant, dans ses *Contes indiens*, la langue des *Contes et Légendes de l'Inde ancienne* de Mary Summer). La restylisation fusionne plutôt des styles (par exemple, le style lyrique et le style épique) au sein d'une nouvelle œuvre, afin de décloisonner, non pas les différents types d'écriture en tant que tels, mais les genres littéraires auxquels ils renvoient. Ce procédé combat les cristallisations stylistiques qui enferment le traitement de certains thèmes dans des univers convenus ou stéréotypés.

Lorsque Monique Wittig évoque, dans *Le Corps lesbien* par exemple, la douleur et la colère du héros de *L'Iliade*, Achille, face au bûcher funéraire de son ami Patrocle – sentiments qui ont provoqué le retour déterminant du héros achéen sur le champ de bataille –, elle reste fidèle au ton homérique, mais remplace son propos en s'inspirant d'une image récurrente de Sappho qui dit l'intensité du sentiment amoureux. Il s'agit de sa fameuse métaphore de la brûlure d'amour dont voici l'exemple le plus célèbre : « Car si je te vois un instant je ne peux/ plus rien dire/ ma langue est brisée, sous ma peau/ un feu subtil soudain se glisse/ mes yeux ne voient plus[50]. »

Cet Achille « lesbianisé » – « Feu feu feu jusqu'au tendon d'Achillea [...] celle qui tant a aimé Patroclea » (p. 30) – ne s'exprime plus sur le pur mode héroïque (« Je te salue, Patrocle, même du fond de l'Hadès[51] ! »), mais sur un mode hybride déroutant : « La boule de feu se propage entre les côtes [...], il se fait un soufflement de forge de haut en bas dans m/on corps avec des raucités débordant de la gorge sur m/es lèvres ouvertes, un brouillard pourpre passe devant m/on regard » (*CL*, p. 30).

En somme, Monique Wittig détourne l'hyperbole épique au profit de l'expression d'un « je » lyrique. Mais « Achillea » détaille et précise si bien chaque partie de son corps touchée par la « brûlure » du deuil que ce corps perd sa spécificité, se « dépersonnalise » et acquiert une dimension universelle. Parallèlement, la métaphore du feu s'incarne :

> Les muscles en effet s'incendient tous en même temps les trapèzes les deltoïdes les pectoraux [...], le plexus est contaminé, il se consume lentement, les intestins se désorganisent brûlés jusqu'au

---

50. Sappho, *op. cit.*, p. 370. Voir aussi p. 374. Sappho est le premier auteur à décrire les symptômes physiologiques du désir. Homère recourt également à la métaphore du feu, mais pour décrire la colère : « Achille [...] sent le courroux pénétrer en lui davantage ; dans ses yeux [...] une lueur s'allume, terrible et pareille à la flamme », Homère, *L'Iliade*, p. 391.
51. Homère, *ibid.*, p. 455.

bout de leurs villosités [...], leurs anneaux en se déroulant appuient sur m/a paroi abdominale, m/on clitoris touché [...] est un soleil intense irradiant (*CL*, p. 30).

Monique Wittig transgresse ici la règle qui régit la frontière entre l'association métaphorique (je brûle = un sentiment intense m'habite) et la prédication littérale (je brûle = un feu consume mon corps), entre l'univers subjectif et l'univers objectif. Il n'en résulte pas toutefois une nouvelle affirmation identitaire, comme l'écrit Martha Noel Evans : « En faisant fi de la convention qui sépare les composantes de la métaphore, elle [Wittig] fait s'effondrer la métaphore, produisant ainsi une nouvelle affirmation identitaire[52]. » En découle plutôt la construction d'une *perspective décloisonnée* où l'émotion lyrique (le personnel) rejoint l'action épique (l'historique) et où les univers se juxtaposent et se fondent au lieu de se solidifier en catégories fixes.

Ce sont alors les autodafés de milliers d'hérétiques, « sodomites » et sorcières, ainsi que leur « passion », qui s'imposent à l'esprit, d'où l'évocation sarcastique d'un Christ – cette figure centrale de l'ordre symbolique occidental – lesbianisé : « Ton visage [...] peint sur le linge de Véronique tels les traits douloureux de Christa la très crucifiée » (*CL*, p. 30). Cette nouvelle figure « christique » n'est plus une victime sacrificielle. Elle a traversé victorieusement les souffrances et la mort, non pour l'amour de Dieu, mais par insoumission. Toute l'œuvre ne cesse d'illustrer cette invincibilité des amantes : les combats qu'elles mènent pour vaincre les obstacles qui les séparent, leurs propres affrontements terribles et, enfin, la violence passionnée de leurs explorations mutuelles :

> Quand tu m/e forces à ouvrir la bouche, tu découvres m/es dents en scie. Tu dis que tu n'éprouves aucune peur de cet aspect peu engageant de m/a personne. Tu m/e laisses t'approcher taillader à pleine bouche ta gorge ta nuque [...], tu m/e laisses pratiquer une ouverture tout autour de ton ventre, tu m/e laisses regarder tes viscères tout fumants [...], le duodénum l'intestin grêle [...]. Toi à

---

52. Martha Noel Evans, *Masks of Tradition...*, p. 210.

peine un peu plus pâle magnifique très royale tu ris, tu m/e dis que j/e n'ai pas le pouvoir de te faire souffrir (*CL*, p. 171).

Appliquée à l'ensemble du *Corps lesbien*, l'épellation savante et insistante d'un corps de désir insoumis vient contrer toute lecture mièvre (romantique) ou réductive (licencieuse) que l'on serait tenté de faire de l'œuvre et, en ce sens, prévient sa potentielle récupération par la culture dominante. Elaine Marks note fort justement : « Dans *Le Corps lesbien*, Monique Wittig a créé, grâce à l'usage incessant de l'hyperbole et au refus d'employer les codes corporels traditionnels, des images suffisamment criantes pour résister à leur réabsorption dans la culture littéraire masculine[53]. » Ainsi peut renaître de ses cendres, tel le Phénix, un corps rebelle aux lois de Dieu et des hommes.

Voyons un deuxième exemple de croisement stylistique, tiré cette fois de *L'Opoponax*. Monique Wittig y transpose en pièce de théâtre la scène suivante de *L'Odyssée* où Homère raconte les retrouvailles d'Ulysse et de Pénélope :

> Lorsqu'elle fut entrée [...] elle s'assit en face d'Ulysse [...] contre le mur opposé : lui était assis [...] les yeux baissés, attendant ce que lui dirait sa noble compagne [...]. Elle parla [...] pour éprouver son mari. [...] Il [répon]dit et elle sentit défaillir ses genoux et son cœur [...], elle courut droit à lui, jeta ses bras au cou d'Ulysse[54].

Dans *L'Opoponax*, cet épisode est théâtralisé par une religieuse portant plaisamment le nom d'une Amazone, à savoir Hippolyte, et joué par ses élèves. S'inspirant de ces vers de Sappho : « Il égale les dieux je crois/ l'homme qui devant toi vient s'asseoir/ et qui tout près de toi entend/ ta voix tendre/ et ton rire enchanteur qui a je le jure affolé mon cœur[55] », « mère de saint Hippolyte » ajoute toutefois un tiers personnage à la scène, « le lecteur », dont le point de vue correspond à celui qu'adopte Sappho dans ces vers (le témoin) :

---

53. Elaine Marks, *op. cit.*, p. 375.
54. Homère, *L'Odyssée*, p. 325 et 328.
55. Sappho, *op. cit.*, p. 371.

On dit que Valerie Borge a les jambes cachées par le peplos, qu'elle s'humecte les lèvres pour les faire briller, que le lecteur debout sur le côté de la scène dit, il dit, en regardant les lèvres de Pénélope. [...] *On dit qu'on voit Valerie Borge s'approcher de Frédérique Darse [Ulysse] et se jeter à son cou* (*O*, p. 266 ; je souligne).

Toutefois, l'instance narrative qui relate cet épisode de *L'Odyssée* dans *L'Opoponax*, n'adopte ni tout à fait la troisième personne du singulier, comme Homère, ni tout à fait le « je » caractéristique de la poésie de Sappho, mais le pronom intermédiaire « on ». En outre, cette instance narrative s'attarde, à la manière de Sappho, à la présence physique de « Pénélope », incarnée par Valerie Borge. La mise en scène choisie opère ainsi la synthèse formelle du style épique (le récit objectif à la troisième personne) et lyrique (le récit subjectif à la première personne).

Par la restylisation des vers homériques et sapphiques, Monique Wittig met en abyme le combat que mène Catherine Legrand pour nommer le trouble que provoque en elle la présence de Valerie Borge et dont aucune des œuvres littéraires auxquelles elle a accès ne rend compte. Ce combat pour l'expression d'une sensation ou d'une perception non médiatisée, en l'occurrence le désir lesbien, est également opératoire dans les autres œuvres de l'auteur où les protagonistes ne cessent de transgresser les conventions morales et sociales que les cultures antique et chrétienne ont léguées au roman moderne par l'entremise de l'épopée[56]. Pensons à ces codes qui confinent les femmes à des rôles secondaires sur le plan de l'action, par exemple attendre ou tromper leurs « chevaliers servants » ou maris. Dans son étude sur les complexes narratifs à l'origine du roman moderne, Julia Kristeva émet d'ailleurs, à ce propos, la remarque suivante :

> La valorisation de la femme, quelque poussée qu'elle soit dans le début du roman [courtois] (*La Dame des Belles Cousines* est une « intellectuelle », chose rare dans la poésie courtoise et qui

---

56. « L'épopée, précise Daniel Madelénat, se valorise progressivement, comme annonce d'une synthèse ultime, le roman », *op. cit.*, p. 116.

n'apparaît qu'avec « Famenca » dans la deuxième moitié du XIIIe siècle) finit par être renversée. La Dame est indigne du culte dont elle a été l'objet, puisqu'elle trahit celui qui l'aime et qui la sert[57].

Les deux exemples d'hybridation stylistique que nous venons de voir donnent accès à l'une des subversions majeures du code romanesque que l'auteur pratique dans l'ensemble de son œuvre, à savoir la destitution du traditionnel couple hétérosexuel au profit de protagonistes lesbiens, plus ostracisés encore que les personnages homosexuels sur la scène historico-culturelle[58]. Durant l'Antiquité, les relations homme-adolescent[59] et homme-femme[60] se vivent au sein de structures hiérarchiques qui placent l'homme en position d'autorité. Quant aux relations entre lesbiennes, les rares documents les évoquant laissent entendre qu'elles n'étaient pas aussi codifiées. D'après Éva Cantarella,

> alors que, pour les garçons, la relation s'établissait nécessairement avec un adulte, et que l'acte sexuel en lui-même avait une fonction pédagogique, dans les thiases [sorte de collèges pour filles], ces amours, qui unissaient parfois une jeune fille à la maîtresse, pouvaient aussi bien survenir entre deux adolescentes[61].

---

57. Selon Julia Kristeva, la divinisation de La femme par les troubadours « se fait sur le modèle [platonique] de l'amitié homosexuelle », *Le Texte du roman*, p. 157-158.
58. « Alors que la "muette" Sodome rassemble à elle seule tout un monde réprimé, donc reconnu, de références bibliques, grecques, latines, poétiques, royales [...], révoltantes [...], qui la constitue en culture bien vivante codifiée en histoire, l'invisible Gomorrhe n'accède même pas à l'existence et se voit occulter jusqu'en Sapho ses rares références culturelles », Marie-Jo Bonnet, *Un choix sans équivoque*, p. 15.
59. C'est ce que l'on appellerait le rapport « éraste-éromène » : « L'éraste désigne le partenaire qui prend l'initiative de la conquête amoureuse, mais aussi celui qui joue le rôle actif dans la relation sexuelle. L'éromène est le plus jeune, qui subit », Maurice Sartre, « Les amours grecques : le rite et le plaisir », p. 31.
60. Édith Mora rappelle que les éphèbes jouissent d'une meilleure considération que les femmes : « Solon, le Sage, interdisait aux esclaves d'avoir des relations sexuelles avec les jeunes garçons : il leur laissait les femmes », *op. cit.*, p. 327.
61. Éva Cantarella, « Les disciples de Sapho », p. 34.

Dans tous les cas, la destitution du couple hétérosexuel fait éclater le discours romanesque sur « l'amour » qui se déploie, à partir du XVIII$^e$ siècle, entre les pôles sociosexués que forment les romans sentimental et érotico-pornographique : « Dans le premier [le roman sentimental] en effet, on a un type actoriel à dominante féminine, dans le deuxième [le roman "libertin"], un type narratif à dominante masculine[62]. » Autrement dit, par cette destitution, l'auteur se dissocie d'une forme romanesque qui reconduit le concept de « différence des sexes ». Comme le rappelle Colette Guillaumin : « Parler de "différence", c'est énoncer une règle, une loi, une Norme. Bref, un absolu qui serait la mesure, l'origine, le point stable du rapport – auquel le "reste" se déterminerait [...]. Et cela revient à considérer qu'il n'y a pas d'action réciproque[63]. » En ce sens, Monique Wittig ne met pas en scène des relations entre « femmes » – ce terme désigne pour elle des individus historiquement dominés – pour un regard *masculin* (au sens large du terme), mais bien entre individus en rupture par rapport au système de représentation qui naturalise leur domination.

Examinons un dernier exemple de métissage stylistique. Dans l'un de ses poèmes les plus célèbres, Sappho recourt audacieusement à l'imagerie épique pour parler d'amour. Plus précisément, elle compare la beauté d'une armée qui défile à celle, supérieure à ses yeux, qui émane de l'amour d'un être pour un autre : « Pour les uns une armée à cheval et pour d'autres à pied ou une escadre : voilà [...] ce qu'il y a de plus beau [...], mais pour moi c'est de voir quelqu'un aimer quelqu'un[64]. » Suit une réflexion sur la belle Hélène qui « ne fut qu'une amante que Cypris entraîne[65] », et l'évocation d'une amante de Sappho elle-même, Anactoria, dont la poète voudrait revoir « et l'allure charmeuse/ et l'éclat de ses yeux, la

---

62. Pascale Noizet, *L'Idée moderne d'amour...*, p. 223. Voir aussi les ouvrages de Kate Millet (*La Politique du mâle*) et Marc Angenot (*Le Cru et le Faisandé*).
63. Colette Guillaumin, *Sexe, Race et Pratique du pouvoir...*, p. 97.
64. Sappho, *op. cit.*, p. 367.
65. *Loc. cit.*

LA SUBVERSION INTERTEXTUELLE 53

lumière de son visage/ plus que chars de guerre lydiens et tout en armes/ des fantassins[66] ».

Dans l'œuvre où elle convoque ces vers, à savoir *Les Guérillères*, Monique Wittig les modifie de manière à associer aux personnages sapphiques de l'amante et de la déesse de l'amour (Cypris[67] ou « Kypris » suivant l'orthographe grecque) celui d'une « guérillère » nommée Savé[68]. De la sorte, elle fait d'Anactoria et de Cypris, non seulement des guerrières (ce qu'est déjà, bien que ridiculisée, la déesse de l'amour dans *L'Iliade*), mais aussi des rebelles à l'ordre établi, au même titre que les autres protagonistes de son livre. La reformulation des vers de Sappho dans *Les Guérillères* se lit comme suit : « Anactoria Kypris Savé ont une démarche une grâce un éclat rayonnant du visage qui font plus de plaisir à voir que tous les chariots des Lydiens et leurs guerriers chargeant dans leurs armures » (*G*, p. 152). L'image qu'évoquent « la démarche, la grâce et l'éclat rayonnant » du trio en mouvement rappelle la description, au deuxième chapitre de *L'Iliade*, de l'avancée éclatante des héros vers le champ de bataille. Monique Wittig substitue d'ailleurs au rythme incantatoire et mélodique des vers de Sappho (*supra*) un rythme plus saccadé, qui fait écho à celui qu'utilise Homère dès l'incipit de *L'Iliade* : « Chante, déesse, la colère d'Achille, le fils de Pélée ; détestable colère, qui aux Achéens valut des souffrances sans nombre [...][69]. »

En fait, Monique Wittig modifie la comparaison qu'établit Sappho entre une armée qui défile et des êtres qui s'aiment, en s'inspirant de celle que développe Homère, tout au long de *L'Iliade*, et qui met en parallèle deux armées, celle des Achéens et celle des Troyens. La première, composée de troupes exclusivement masculines, possède des valeurs andro-

---

66. *Loc. cit.*
67. Rappelons que Cypris (Aphrodite) est à l'origine de la guerre de Troie à laquelle elle participe aux côtés des Troyens. C'est en effet parce que cette déesse avait promis à Pâris l'amour de la plus belle des mortelles, Hélène, que la guerre va éclater entre Achéens et Troyens.
68. Le prénom « Savé » apparaît d'abord au sein de la liste qui traverse *Les Guérillères* (p. 21).
69. Homère, *L'Iliade*, p. 35.

centrées, la seconde compte parmi ses rangs des combattants « efféminés[70] » – c'est-à-dire ne méprisant pas la compagnie d'une amante (comme Pâris auprès d'Hélène) – et des Amazones – c'est-à-dire des individus ne se pliant pas aux codes de conduite associés à leur sexe. La première armée défend un système conceptuel hiérarchique rigide, la deuxième protège une vision beaucoup plus souple du monde. Comme Homère, Monique Wittig compare une armée traditionnelle, celle des Lydiens[71], à une armée d'un nouveau type, celle des guérillères, constituée d'amantes indépendantes telles Anactoria et Kypris. Contrairement à Homère, toutefois, c'est à cette seconde armée qu'elle donnera la victoire dans son livre.

## Le métissage thématique

Outre les transformations stylistiques, les exemples que nous venons de voir montrent, une fois de plus, comment Monique Wittig prend d'assaut le système de représentation des personnages dont hérite le roman moderne. Celui-ci fait de la figure de la guerrière un phénomène extrêmement marginal – les Amazones sont à peine mentionnées dans *L'Iliade* –, et de celle de l'amante l'anti-héros par excellence :

> La femme, dans l'épopée est fréquemment « négative » : repos et régression coupable qui retardent l'accomplissement héroïque comme Circé ou Calypso [toutes deux amantes d'Ulysse] et douceurs d'une sensualité irresponsable[72].

---

70. Daniel Madelénat, *op. cit.*, p. 154. Les Troyens, écrit, par ailleurs, P. Vidal-Naquet dans sa préface à *L'Iliade*, « sont des civils, des "dompteurs de cavales" et les Achéens "aux belles jambières" sont des soldats ».
71. Les auteurs antiques se réfèrent à Homère comme au « Maeonide », c'est-à-dire celui qui vient de Maeonia, ancien nom de la Lydie.
72. D. Madelénat, *op. cit.*, p. 132. « Le roman achève [l']envahissement de l'érotisme [dans le cycle breton], et, par exemple, traduit dans un registre réaliste la démission de l'amant : Frédéric Moreau, avec Rosanette à Fontainebleau, se perd dans de tendres rêves, loin d'une révolution qui se fait sans lui ; Claude Lantier, dans *L'Œuvre* de Zola, dépérit, banni de Paris et privé de créativité, malgré l'amour de sa compagne Christine » (*ibid.*, p. 131).

Mais ces exemples nous engagent aussi sur le terrain du troisième et dernier procédé d'hybridation radicale, le « métissage thématique ». Par cette expression, nous entendons le rapprochement d'intertextes sur la base d'une correspondance sémantique ou d'une mise en résonance d'un thème commun. C'est la forme de collages intertextuels que Laurent Jenny nomme « isotopie ». Il arrive que Monique Wittig se serve de l'isotopie – « métonymique » ou « métaphorique » – pour enchâsser une citation dans ses textes au sens où l'entend le théoricien, mais elle l'utilise également lorsqu'elle réunit, dans un même espace, deux intertextes sur une base sémantique.

En associant les épopées d'Homère aux vers susmentionnés de Sappho[73], Monique Wittig cesse de distribuer ses protagonistes selon le schéma : action = guerrier ou aventurier (dont les modèles respectifs sont Achille et Ulysse) et passion = amante (dont le modèle oscille entre l'infidèle Hélène et la fidèle Pénélope). En d'autres termes, elle fait basculer la frontière conceptuelle qui sépare encore chez Sappho le « guerrier » et l'« amante » pour créer des personnages démarqués sur le plan comportemental en tant qu'ils ne sont pas plus courageux qu'aimants ou l'inverse. De la sorte, elle déboulonne la catégorisation thématique des romans établie en fonction des rôles dévolus à chaque sexe : du côté du héros, le roman d'apprentissage, d'aventures ou libertin, et du côté de l'héroïne, le roman précieux, épistolaire ou sentimental. On voit ainsi s'esquisser une esthétique de la coïncidence des sphères de l'action et de la passion, du geste et de la perception, des univers publics et privés.

En outre, le rapprochement sémantique des textes homériques et de Sappho contribue à la transgression du système de représentation romanesque, en tant que réappropriation des mythes prépatriarcaux – après la transformation, dans la Bible, de la grande déesse Mari[74] en « gros poisson » dévora-

---

73. Ces vers inspireront, entre autres, le thème de l'« amour comme combat » dans la poésie élégiaque. « Sappho », *Guide to Women's Literature* (non paginé).
74. « Sa robe bleue et son collier de perles étaient les symboles classiques de la mer, bordée d'écume perlée », Barbara G. Walker, *The Woman's*

teur (mythe de Jonas), ou en jeune femme ou mère idéalisée (mythe de Jésus). L'isotopie à partir du thème de la séduction qui s'établit entre des vers d'Homère et de la poète de Lesbos, dans le Chant IV de *Virgile, non* par exemple, joue un tel rôle de sape. Dans ce passage, la narratrice, « Wittig », est prise à partie par les « âmes damnées » tant pour ses mœurs sapphiques que pour sa prétention – tout épique – à vouloir délivrer, avec ses semblables, « tout notre sexe de sa servitude » (*VN*, p. 14). Incapable toutefois de convaincre les « âmes damnées » du caractère désintéressé de sa démarche, le personnage de « Wittig », qui est aussi un auteur, en appelle ironiquement à son modèle et « grand prédécesseur » : « Sappho m'est témoin que je ne vous veux aucun mal [...] » (*VN*, p. 15 et 16). C'est peine perdue, puisque les « âmes damnées » – suivant la logique sexospécifique selon laquelle les « femmes » rebelles ne peuvent être que des monstres[75] – la transforment en sirène. Les Sirènes, rappelons-le, sont ces monstres dévoreurs d'êtres humains qui, dans *L'Odyssée,* tentent d'attirer Ulysse sur leur île par la beauté de leur chant, chant qui d'ailleurs annonce l'histoire que le héros lui-même a vécue et est en train de vivre[76]. Prenant exemple toutefois sur Sappho – qui a servi la beauté[77] – le personnage de « Wittig » récupère plaisamment cette monstration en insistant sur les avantages esthétiques qu'elle procure : « Je baisse les yeux vers ma personne physique [et vois] des écailles dures et brillantes que je trouve du plus bel effet et qui ne vont pas manquer de resplendir au soleil » (*VN*, p. 18). Cette célébration ludique et sensuelle de la sirène est une référence ironique au pouvoir de séduction que possédait et conférait la déesse qu'interpelle le

---

*Encyclopedia of Myths and Secrets*, p. 584.
75. La métamorphose de chasseresses, comme Scylla, non disposées à accorder leurs faveurs à d'assidus prétendants, est monnaie courante dans la mythologie. Nombre des figures mythiques féminines dotées de pouvoir sont des monstres : les Gorgones, les Érynies, Lamia, Charybde, etc.
76. Ce chant se présente, en fait, comme l'énonciation d'un savoir : « Nous savons tout ce que dans la vaste Troade souffrirent Argiens et Troyens par la volonté des dieux, et nous savons aussi tout ce qui arrive sur la terre nourricière », Homère, *L'Odyssée*, p. 180.
77. Sappho, *op. cit.*, p. 353.

plus Sappho, à savoir la déesse de l'amour Aphrodite/Mari, ou
« Vierge des mers »[78].

En sus d'éclairer certains passages de l'œuvre de Monique Wittig et d'en montrer la densité, la mise en résonance isotopique des sèmes d'Homère et de Sappho pose la question de l'impact de leurs esthétiques respectives sur cette œuvre. Il est fréquent, comme l'a souligné Laurent Jenny, que l'isotopie « prenne une teinte méta-linguistique car [s]es analogies sont souvent le fruit d'une réflexion plus ou moins consciente de l'auteur sur sa propre production[79] ». Si, pour Homère, ce qui est beau (et dangereux à la fois) c'est le récit du passé et du présent que chantent les Sirènes – c'est-à-dire « son » histoire, celle des héros de sa patrie –, pour Sappho, c'est l'expression réussie d'une sensation intime comme la brûlure du désir, c'est la mise en mots de ce qui, hors d'elle, *retient* son attention, la trouble profondément.

En équilibre sur le fil parodique que Monique Wittig a tendu entre ces deux esthétiques originales, le personnage de l'auteur « Wittig », dans *Virgile, non*, raconte son odyssée pour trouver la forme qui saurait rendre sa propre perspective sur le monde : « Quand les mots m'atteignent au fond de l'enfer et ne me font pas défaut, [...], c'est alors mon beau paradis que je cherche parmi eux les mots pour te dire et au moyen desquels te donner forme une fois pour toutes » (*VN*, p. 65). Par cette mise en scène d'un écrivain non seulement en butte aux formes existantes, mais en plus transformé en monstre ayant le pouvoir d'anéantir les héros/héroïnes ainsi que leur système référentiel, Monique Wittig détrône de manière irrévérencieuse l'esthétique romanesque traditionnelle qui déifie ou pervertit, polarise et catégorise le monde et les êtres, plutôt que de tenter d'en illustrer la réelle complexité.

Nous venons de voir comment l'hybridation *radicale*, c'est-à-dire l'entrecroisement des textes épiques et lyriques

---
78. Barbara G. Walker, *op. cit.*, p. 651, voir aussi p. 44. Notons que Monique Wittig ne choisit pas la forme de l'oiseau qu'Homère attribue aux sirènes, mais celle du poisson qui renoue avec de plus anciennes représentations de la déesse de la mer.
79. Laurent Jenny, « La stratégie de la forme », p. 274.

fondateurs, subvertit les bases du roman traditionnel en éliminant la sexuation des protagonistes, le couple hétéro-social et les axes action/passion propres à l'économie symbolique binaire. En ce sens, la poétique qui se dégage de l'hybridation des architextes homérique et sapphique supprime l'« idéologème du psychologique » que détecte Julia Kristeva dans l'œuvre qu'elle considère comme le premier roman français, à savoir *Jehan de Saintré*, d'Antoine de La Sale :

> Il ressort de la lecture de son texte que le discours psychologique est le discours qui oscille entre le Un et le pseudo-Autre, dans la non-disjonction des différences, dans l'Identification du Même dans le Même. Platonicien et profondément théologique (triadique), l'idéologème du psychologisme trouvera, dans cette société phallocentrique, un terrain propice dans le discours de la femme. Lieu d'occultation ou de valorisation, la femme sera un pseudo-centre, un centre latent ou explicite, celui qu'on expose ostensiblement ou bien qu'on camoufle avec précaution pudique, le centre présent ou absent du discours romanesque (psychologique) moderne, dans lequel l'homme cherche l'homme et s'y divinise, ou bien la femme veut se faire homme[80].

L'élimination de cet idéologème dans l'œuvre de Monique Wittig n'est toutefois pas due à ce que l'homme n'y chercherait pas l'homme ou que la femme ne voudrait plus se faire homme ; elle a lieu parce que l'auteur n'adhère pas, comme on l'a dit, à la conceptualisation différentialiste qui voit dans les hommes et les femmes des entités distinctes.

En effet, en repoussant dans les marges ou en faisant disparaître complètement de ses romans les personnages conceptuellement « sexués », essentiellement aventureux (les hommes) et essentiellement aimants (les femmes), elle remet en question la valeur opératoire de ces catégories pour représenter les êtres humains et leurs relations. Loin donc de remplacer un univers androphile par un univers gynophile, ce qui ne ferait que renverser les termes de l'ancienne esthétique romanesque, elle propose un nouveau modèle de personnage. En recourant au sujet le moins représenté sur la scène litté-

---

80. Julia Kristeva, *Le Texte du roman*, p. 160.

raire, mais aussi le plus systématiquement « monstrifié », c'est-à-dire dissocié de l'économie conceptuelle, à savoir le sujet lesbien, elle fait émerger une vision du monde hors champ par rapport aux modèles historiques homo- et hétérosexuel où l'homme mature domine socialement ses amants potentiels, l'éphèbe et la femme. De la sorte, elle peut mettre en avant un modèle relationnel basé uniquement sur des critères de réciprocité et d'interaction, c'est-à-dire dépris de l'appartenance à un sexe biologique, à une culture ou à un statut social.

La disparition de l'idéologème du psychologisme coïncide non seulement avec l'émergence d'un personnage révolutionnaire, parce que décatégorisé, mais aussi avec l'apparition d'un resserrement des thématiques romanesques, dans la mesure où la quête de liberté des protagonistes rencontre la quête de l'être aimé et vice versa. De plus, on assiste à la formation d'un style novateur en ce qu'il opère une théâtralisation des textes antérieurs, plutôt que leur simple transformation comique, sentimentale ou parodique – qui caractérise déjà les romans de l'Antiquité et du Moyen Âge. De la sorte, Monique Wittig peut non seulement actualiser les textes antérieurs, mais également les neutraliser en les mettant en scène en tant que représentations/perspectives (dissociées de leur genre littéraire/sexuel original) ; autrement dit, en tant que matériau (malléable) et non plus pur sens (immuable). Après avoir analysé de quelle manière Monique Wittig subvertit l'architexte romanesque au moyen de l'hybridation radicale, il nous faut voir comment elle compose chacune de ses œuvres en recourant à une hybridation de type *structural*, celle qui touche une forme romanesque précise et qui a recours aux procédés de la juxtaposition, de l'emmêlement, du va-et-vient et de la recontextualisation.

## *L'hybridation structurale : la transgression des formes romanesques*

Dans chacun de ses ouvrages, Monique Wittig entremêle, nous l'avons vu, de nombreux textes appartenant aux traditions épique et lyrique. Mais elle élargit encore sa saisie du territoire culturel occidental en interpellant également d'autres types de productions littéraires. À côté d'emprunts aux œuvres « classiques » ou canoniques comme *La Bible* ou *Les Pensées* de Pascal, figurent des extraits de chansons populaires, de contes, de manuels scolaires, d'outils de référence, d'essais philosophiques, de traités militaires, de proverbes, ainsi que des renvois à des films et à des œuvres plastiques. L'organisation systématique, au sein de chacun des ouvrages de l'auteur, de ces emprunts en d'ingénieux montages, opère la subversion de quatre formes romanesques canoniques : le roman d'apprentissage dans *L'Opoponax*, le roman épique dans *Les Guérillères*, le roman d'amour dans *Le Corps lesbien* et le roman d'aventures dans *Virgile, non*. Commençons par l'examen du roman d'apprentissage. Une fois notre modèle d'analyse posé, nous dégagerons les autres montages intertextuels et résumerons leur impact sur chacune des formes romanesques que transgresse l'auteur.

### Le florilège ou l'anti-roman d'apprentissage

Nombreux sont les critiques qui soulignent les problèmes que présente la classification de *L'Opoponax*[81]. Si l'œuvre se range, à « première vue, dans une catégorie bien connue : le roman autobiographique sur l'enfance [...], souligne Mary McCarthy, [l']auteur ne raconte pas une histoire, [mais] la

---

81. Erika Ostrovsky (*op. cit.*, p. 10-11) a montré la subversion que représente l'utilisation d'un titre qui ne fait aucunement référence à l'enfance. En guise de comparaison, elle rappelle des exemples de titres habituels d'autobiographies : *Portrait de l'artiste en jeune homme* de James Joyce, *Mémoires d'une jeune fille rangée* de Simone de Beauvoir, *Enfance* de Maxime Gorki.

revit intensément ». Dans le même sens, Marcelle Marini écrit : « Ce livre court-circuite [...] la conception traditionnelle du récit d'enfance, en substituant le roman de génération (de structure horizontale) au roman œdipien (de structure verticale) : l'enfant est plongé(e) dans sa classe d'âge au lieu d'être inscrit(e) dans la constellation familiale[82]. » Néanmoins, tous ces commentateurs expliquent comment *L'Opoponax* colle à la réalité de l'enfance par son style oral (dont le choix du pronom informel « on »[83]), son « langage objectif pur[84] », dépouillé de sentimentalisme ou de jugements de valeur[85], et sa représentation d'une perception indivise du temps[86]. Autrement dit, tous démontrent comment ce roman réussit, mieux que les romans d'apprentissage précédents, à rendre « le plus "vrai" possible[87] » ce qui les caractérise, c'est-à-dire le récit de l'enfance.

En ce qui nous concerne, nous avons plutôt eu envie de nous demander si, suivant la définition que donne Jean Cabriès du roman d'apprentissage, les personnages de *L'Opoponax* « s'efforcent de dépasser sans cesse leurs "déterminations" pour harmoniser leur «être» avec la marche de la société[88] ». Pour répondre à cette question, nous nous sommes intéressé

---

82. Mary McCarthy, « L'enfance de tout le monde », p. 138, et Marcelle Marini, « Enfance en archipels : *L'Opoponax* de Monique Wittig », p. 149.
83. « Si le pronom "je" est éliminé comme inadéquat, «elle» ne semble pas mieux approprié à un être indéterminé qui n'est plus l'auteur sans être pour autant une créature de fiction », Mary McCarthy, *op. cit.*, p. 138.
84. Marguerite Duras, postface de la réédition de 1983 de *L'Opoponax*, p. 283.
85. Claude Simon précise : « L'enfant, lui, pose sur la bizarre féerie du monde qui l'entoure, un regard neuf, grave, passionné, égal, et que n'a pas encore déformé ou plutôt perverti la connaissance d'une échelle de "valeurs" », *op. cit.*, p. 70.
86. « [*L'Opoponax*] illustre parfaitement la perception de la fluidité du temps qu'ont les enfants et qui s'oppose à la vision insistante des adultes d'une mesure chronologique et segmentée », Erika Ostrovsky, *op. cit.*, p. 13.
87. Jean Cabriès, « Typologies du roman », *Dictionnaire des genres et notions littéraires*, p. 621. Par « roman d'apprentissage », nous désignons tous les types de roman d'éducation ou *Bildungsroman* y compris l'autobiographie de l'enfance et le roman de la formation d'un artiste que la critique allemande appelle *Künstlerroman*.

au fait que non seulement *L'Opoponax* s'ouvre le jour où Catherine Legrand franchit, pour la première fois, le seuil de l'école, cette première enceinte de la *textualité*, et se termine avec une citation de Maurice Scève – « On dit, *tant je l'aimais qu'en elle encore je vis* » (p. 281 ; je souligne) –, mais qu'il est aussi truffé de citations. Cette dimension intertextuelle de l'œuvre nous a d'autant plus intéressé que les critiques l'abordent à peine.

Commençons par signaler que Monique Wittig convoque un vaste éventail de formes textuelles, celui-là même auquel est progressivement exposé tout élève d'une institution d'enseignement. Cet échantillonnage de citations non marquées et pas toujours identifiées englobe le refrain[89], la maxime (p. 21), la définition (p. 72), la formule liturgique (p. 83), la vignette de bande dessinée (p. 146), la description romanesque (p. 147), la pensée philosophique (p. 178), la réplique théâtrale (p. 221), le vers lyrique (p. 254) et l'épopée :

> Marielle Balland dit comment Guibourc et les dames d'Orange ont défendu la ville contre les Sarrasins, lassus fu grans et ruste la mellée les dames ont mainte piere jetée maint Sarrasin ont la teste quassée ki gisent mort sovin geule baée (*O*, p. 155).

Par leur importance et leur diversité, ces citations interrompent le fil même du texte et donc empêchent l'orchestration harmonieuse de motifs. En outre, elles constituent, parallèlement à la gamme des perceptions qui en forment la trame, et un peu à la manière de ces spécimens de plantes que l'on glisse dans un dictionnaire, un deuxième texte dans le texte, une sorte de florilège dans le récit.

Loin de correspondre au programme scolaire des écoles catholiques – car c'est dans ce cadre qu'évoluent les protagonistes –, le choix des citations sabote ce dernier en reléguant progressivement au second plan le corpus d'œuvres ordinairement étudiées dans ces établissements (vie du Christ et des saints, œuvres édifiantes et iconographie religieuse), au profit

---

88. *Loc. cit.*
89. Voir les pages 8, 11, 14, 17, 18, 41, 42, 67, 71, 78 et 157. Dans les autres cas, nous nous contentons de donner la page d'un seul exemple.

d'œuvres païennes ou mises à l'Index (l'art gallo-romain, la statuaire grecque, la mythologie, *L'Odyssée*, *Les Pensées* de Pascal, *Les Fleurs du mal*). De plus, il remet en question la culture consacrée en privilégiant des ouvrages jugés « secondaires » par la critique officielle (Tibulle plutôt qu'Ovide, *Les Géorgiques* plutôt que *L'Énéide*, *La Chanson de Guillaume* plutôt que *La Chanson de Roland*), en traitant sur un pied d'égalité les formes sérieuses (le texte sacré et la tragédie) et comiques (la bande dessinée et la parodie), et en mettant en avant des personnages atypiques, des combattantes (Artémis, Guibourc, la Reine Esther) plutôt que des combattants et des amantes. Dès lors, il devient possible de ridiculiser, par exemple, les modèles de jeunes filles sages ou de victimes résignées, comme Cendrillon :

> La princesse est belle et bonne [...]. Mais elle se met une aile de poulet sur la tête, une pelure d'oignon autour du cou elle enfile le tablier de la cuisinière et elle attend dans sa chambre que la fée vienne arranger tout ça avec son bâton relever l'aile de poulet pour lui donner bon air et défriper le tablier (*O*, p. 89).

Outre le morcellement de l'architecture lisse du roman d'apprentissage et le démontage du système de représentation univoque que reflète ce genre apparu au Siècle des Lumières, la confrontation de formes littéraires variées donne progressivement lieu au renversement des textes canoniques au profit d'une perspective dissidente sur le monde. Cette perspective est rendue possible par l'ancrage des protagonistes de Monique Wittig dans l'univers des perceptions et par leur imperméabilité aux conventions sociales.

À cet égard, l'analyse des modes d'enchâssement des citations dans le roman s'avère révélatrice. D'abord insérées en tant que simples isotopes métonymiques, ou fragments textuels juxtaposés au « récit » afin « de poursuivre [...] le fil de la narration[90] », les citations deviennent des isotopes métaphoriques dans la mesure où, selon la définition de Laurent Jenny, elles sont appelées « dans le contexte par analogie

---

90. Laurent Jenny, « La stratégie de la forme », p. 274.

sémantique avec lui[91] ». Ainsi, on passe de la convocation de textes qui n'ont rien à voir avec les protagonistes – la définition du mot « fleuve » tirée du manuel de géographie, ou une chanson folklorique –, à l'interpellation de textes qui trouvent des échos originaux en eux. Ces textes sont alors appropriés soit comme espaces de méditation : « Catherine Legrand préfère s'en tenir à un des textes [du livre de lecture] en le répétant jusqu'à ce que ça lui dise quelque chose » (*O*, p. 147), soit comme codes employés entre camarades de classe : « À midi on se serre la main en disant, rois Desramés à sa barbe jurée [...] » (*O*, p. 156), soit encore comme « sésame ouvre-toi » : « Catherine Legrand ouvre [son] carnet et écrit à la première page, tout a part moy en mon penser m'enclos (*O*, p. 179). »

Cette appropriation des intertextes se produit au milieu du roman. Elle coïncide avec l'entrée en scène d'un personnage tout aussi passionné de littérature que Catherine Legrand, à savoir Valerie Borge, et avec la mort d'un autre. Nous pénétrons alors dans l'univers dangereux de la sensation intérieure où il faut s'« efforcer », comme l'écrit Malherbe dans l'un de ses poèmes[92], car le sujet n'est pas aisé à traiter. Et de fait, pour exprimer l'intensité de l'émotion qui se fait jour en elle, Catherine Legrand en appelle justement aux vers que ce poète du « monde muet[93] » avait composés sur le thème du deuil :

> Catherine Legrand se lève en disant, *et déjà devant moi les campagnes se peignent* et alors Valerie Borge relève la tête en regardant du côté où est Catherine Legrand comme ça Catherine Legrand la regarde en plein dans les yeux pour dire, *du safran que le jour apporte de la mer* (*O*, p. 174 ; je souligne).

Peu à peu, elle s'approprie les mots et les vers qui l'interpellent afin de nommer ce nouveau sentiment qui l'assaille. D'où la redéfinition d'un terme ravi au dictionnaire pour son aura à la fois poétique et scientifique (sonorité

---

91. *Loc. cit.*
92. « Où le danger est grand, c'est là que je m'efforce./ En un sujet aisé moins de peine apportant,/ Je ne brûle pas tant », Malherbe, cité par Francis Ponge dans *Pour un Malherbe*, p. 24.
93. Expression qu'utilise Francis Ponge dans *ibid.*

étrange, étymologie grecque, référence au monde païen), celui-là même qui donne son titre au roman, « opoponax[94] » : « On ne peut pas le décrire parce qu'il n'a jamais la même forme. Règne ni animal, ni végétal, ni minéral, autrement dit indéterminé » (*O*, p. 179). En outre, devant l'indifférence qu'affiche Valerie Borge à son égard, la pugnace Catherine Legrand transforme ce mot en une véritable machine de guerre malherbienne[95]. En effet, il devient la signature de lettres d'intimidation anonymes : « Je suis l'opoponax. Il ne faut pas le contrarier tout le temps comme vous faites » (*O*, p. 230).

À la faveur de cette guerre d'amour, Catherine Legrand convoque de nombreux vers. Quelques-uns le sont en guise de modèles, en particulier ceux qui font entendre une voix atypique à leur époque – celles de Béatrice de Provence, de Louise Labé ou de Tibulle (lorsqu'il s'adresse à un amant) : « On essaie de trouver un air dans la tête pour lento me torquet amore » (*O*, p. 216). Quant aux autres citations qui évoquent des couples célèbres, tels Ulysse et Pénélope, le troubadour et sa Dame, Baudelaire et « [s]on enfant, [s]a sœur », où l'amante n'a pas la parole, elles sont infléchies, détournées sous la force du sentiment amoureux. Ainsi, la description d'un bas-relief illustrant les figures mythiques d'Eurydice et d'Orphée fait ressortir, non pas le statut ou le sexe respectif de ces personnages, non pas l'amour actif d'Orphée[96] pour Eurydice et le silence passif de cette der-

---

94. L'orthographe du mot est en fait « opopanax » (du grec « plante médicinale ») ; le terme désigne une plante ombellifère et sa gomme-résine aromatique. Erika Ostrovsky relève les différents sens qu'adopte le mot dans l'œuvre : « Une force qui propulse le texte ; l'inverse d'une identité civile ; une force de défiance ; l'amour qui n'ose pas dire son nom ; un interdit et une transgression ; une forme de pouvoir sacré qui suggère les terreurs et délices associées au désir charnel ; un cryptonyme », *op. cit.*, p. 11.
95. « L'amoureux malherbien ne parle généralement pas en suppliant, pour se faire plaindre, mais en conquérant, pour convaincre », *Nouveau Dictionnaire des œuvres*, p. 5774.
96. Notons qu'Ovide écrit à propos d'Orphée : « Ce fut même lui qui apprit aux peuples de la Thrace à reporter leur amour sur des enfants mâles et à cueillir les premières fleurs de ce court printemps de la vie qui précède la jeunesse », *Les Métamorphoses*, p. 323.

nière, mais la ressemblance des amants et le sentiment qu'ils partagent : « Leurs têtes leurs joues rondes se ressemblent, leurs cous ont le même courbement pour se tourner l'un vers l'autre » (*O*, p. 251).

Le détournement des intertextes culmine dans la phrase finale de *L'Opoponax*, qui comporte la citation suivante : « On dit, *tant je l'aimais qu'en elle encore je vis*[97] » (*O*, p. 281 ; je souligne). Elle est tirée du poème *Délie, objet de plus haute vertu* de Maurice Scève, qui raconte l'amour d'un narrateur pour une jeune femme morte prématurément. Avec cette citation, Catherine Legrand ne se contente pas de s'approprier un « je » auctorial, mais agit en écrivain en modifiant le temps du verbe « aimer » (originellement au passé simple). De la sorte, elle introduit l'imparfait dans un texte rédigé au présent et s'impose comme l'auteur du roman que nous venons de lire ; un roman qui raconte moins sa vie que son combat pour écrire *entre* les textes, c'est-à-dire le non encore écrit.

Soulignons que l'appropriation de la citation de Maurice Scève dans une phrase qui clôt non seulement le roman, mais aussi une scène d'enterrement, celui de la surveillante des études, invite à une relecture du texte à partir d'un nouveau point de vue. Cet hommage brusquement distancié du récit par le temps du verbe n'est en fait pas rendu à la vieille surveillante, mais à un amour disparu après cette dernière. La citation révèle en fait la structure circulaire du livre – divisé en sept chapitres tous ponctués par un décès – et annonce discrètement la mort de Valerie Borge. Prennent alors tout leur sens les nombreuses citations tirées de textes qui abordent le difficile sujet de la disparition d'un être aimé. Il s'agit, entre autres, de *Salammbô* de Gustave Flaubert (p. 147), des « Larmes de saint Pierre » de Malherbe (p. 174), de *L'Ophélie* de Rimbaud (p. 197), de l'Antinoüs du Belvédère (p. 232), de *La Nouvelle Héloïse* de Jean-Jacques Rousseau (p. 238), du passage des *Géorgiques* de Virgile racontant la

---

97. « Dont, comme au feu le Phénix, emplumée/ Meurt et renaît en moi cent fois le jour./ Tant je l'aimai qu'en elle encor je vis », Maurice Scève, *Délie, objet de la plus haute vertu*, p. 79.

mort d'Eurydice (p. 251) et, bien sûr, du poème *Délie,* de Maurice Scève (p. 239 et 281). Donnons l'exemple de la citation du « Genêt ou la Fleur du désert » de Giacomo Leopardi, qui s'interrompt juste avant que le poète n'évoque le sujet de la mort : « E tu lenta ginestra che di selve odorate queste campagne dispogliate adorni[98] » (*O*, p. 196).

Ainsi s'éclaire également l'omniprésence de héros combatifs, fictifs ou historiques – les Grecques victorieuses d'Aristophane (*Lysistrata*), la Reine Esther (personnage biblique), Ermengart, Guibourc et les Dames d'Orange (*La Chanson de Guillaume*), Charlemagne, Hannibal, les guerriers mérovingiens – qui rappellent que Valerie Borge ne craignait pas de se battre, de même que Catherine Legrand, pour obtenir ce qu'elle voulait, et qu'en outre, comme la déesse chasseresse Artémis que Monique Wittig convoque (à l'instar de Maurice Scève[99], Louise Labé, Alfred de Vigny et d'autres auteurs cités dans *L'Opoponax*), elle aimait et pratiquait la chasse. En fait, le nom même de Valerie Borge peut apparaître tout aussi bien comme l'association de noms d'écrivains tels Valéry ou Valérius et J. L. Borges, que comme l'évocation combinée de l'empereur Valérien (non chrétien) ou des déesses guerrières que sont les Walkyries dans la mythologie scandinave et des mots allemand (*Burg*) et arabe (*burdj*) qui désignent un fort[100]. De même, le nom de Catherine Legrand ne peut manquer d'évoquer le surnom que Voltaire donna à l'une des impératrices de Russie, soit « Catherine Le Grand », en référence à Pierre Le Grand, d'autant plus que cette protec-

---

98. « Et toi, souple genêt/ Qui d'odorantes feuilles/ Orne ici les campagnes désolées,/ (Toi aussi tu succomberas bientôt) », Giacomo Leopardi, *Canti,* p. 147.
99. « Délie est celle de Délos, la sœur nocturne d'apollon, Artémis ou Diane [...]. De Diane d'ailleurs elle a la cruelle chasteté et le goût de la chasse », *Nouveau dictionnaire des œuvres,* p. 1710. Les critiques ont voulu reconnaître dans *Délie* la poète Pernette du Guillet décédée jeune et qu'aima Maurice Scève.
100. La seule citation à être répétée trois fois dans l'œuvre est tirée d'un rondeau de Charles d'Orléans et évoque le for intérieur : « Tout a part moy en mon penser m'enclos et fais chasteaulz en Espaigne et en France » (p. 176, 179 et 197). Notons que le mot latin *vallaris* signifie un retranchement, un rempart.

trice des arts et des lettres sut se montrer combative en faisant déposer– et peut-être assassiner – son mari avant que lui-même ne se charge de l'éliminer.

Nous venons de voir que dans *L'Opoponax* Monique Wittig accorde une place prépondérante aux intertextes – sans compter les nombreuses allusions, références et commentaires d'œuvres, on compte une soixantaine de pures citations réparties sur 281 pages. L'astucieuse *juxtaposition* de ces intertextes – principalement lyriques et héroïques – fait progressivement apparaître des modèles susceptibles de donner aux petites filles l'envie de se battre pour obtenir ce qu'elles désirent vraiment. Parallèlement, ce montage illustre le corps à corps textuel d'un auteur avec les œuvres du passé pour trouver les mots et la forme qui sauront redonner vie à l'amour perdu, à la manière d'un Orphée tentant de ramener Eurydice à la lumière des vivants. L'amour perdu peut tout aussi bien renvoyer à un modèle de personnage que la culture occidentale a choisi d'occulter[101] ou, plus généralement, à des textes détruits ou censurés (comme les vers de Sappho).

Si par son travail de subversion des intertextes de *L'Opoponax*, Monique Wittig s'attaque plus spécifiquement à la représentation essentialiste des sexes et du monde (à travers des notions telles que le Verbe, la Culture, le Désir), c'est ainsi pour stopper la cristallisation des textes, par exemple autour de la mort réelle ou symbolique des personnages d'amantes ou de guérillères, et donc éviter que la même histoire se répète indéfiniment. Par cette violence faite aux textes précédents, elle sape et le sentimentalisme attaché aux œuvres traitant de l'enfance et des premières amours, et l'omniprésence du couple hétérosexuel, en même temps que l'universalité de la figure du héros masculin agressif et de l'héroïne suave. En d'autres termes, elle expose et transgresse la vision du monde – l'idéologie, selon l'expression de Mikhaïl Bakthine – qui sous-tend l'ensemble de la littérature

---

101. Barbara G. Walker rappelle qu'avant d'être convertie en épouse d'Orphée, la figure mythique d'Eurydice représentait la déesse des enfers, *op. cit.*, p. 287.

occidentale, y compris le roman polyphonique[102]. Ne faudrait-il pas, dans ces conditions, qualifier *L'Opoponax* de roman de « désapprentissage » ?

Il est à tout le moins tentant ici de reprendre l'expression d'« anti-roman » choisie par Jean-Paul Sartre pour décrire la première œuvre de Nathalie Sarraute. En effet, Monique Wittig ne cite pas des textes dans le but de « poursuivre [...] le fil de la narration[103] » ou par simple « analogie sémantique[104] » avec lui, suivant la typologie de l'enchâssement des citations de Laurent Jenny. Elle ne se limite pas non plus à représenter la diversité et la stratification, en genres et en styles, du langage prédominant afin de ruiner son monologisme, selon la définition qu'a donnée Mikhaïl Bakhtine du roman polyphonique. Elle construit plutôt une structure intertextuelle qui, à l'instar des sous-conversations de Nathalie Sarraute, ouvre un espace déroutant dans la trame narrative du roman et crée une nouvelle forme littéraire. Cette nouvelle forme n'est pas l'apanage exclusif du premier livre de l'auteur, comme nous allons le voir.

### Le montage intertextuel : le morcellement du récit romanesque

La *juxtaposition* de citations qui structure *L'Opoponax* matérialise le regard détaché et fragmenté que porte l'enfant sur le monde et déloge la vision plus ou moins lisse que produit le récit romanesque sur ce dernier. La mise à égalité des textes que réalise ce premier montage intertextuel saisit et disloque le système de représentation qui les sous-tend. Dans les œuvres suivantes, Monique Wittig engage plus avant ce travail de transgression en faisant s'entrechoquer les diverses formes littéraires de la culture occidentale (*Les Guérillères*), en mettant en résonance ses complexes mythiques centraux

---

102. Pour Mikhaïl Bakhtine, le rôle du roman polyphonique est de miner les genres nobles en tant que langues idéologiquement saturées. *Esthétique et Théorie du roman*, p. 96-97.
103. Laurent Jenny, « La stratégie de la forme », p. 274.
104. *Loc. cit.*

(*Le Corps lesbien*) et en recontextualisant un poème clef de la Renaissance humaniste (*Virgile, non*). Dans la mesure, toutefois, où chaque montage poursuit le travail de sape entrepris dans l'œuvre qui l'a précédé, nous les abordons suivant l'ordre d'apparition des œuvres. La fidélité de l'auteur à la lettre des citations, que l'on retrouve dans *L'Opoponax* (précisément en tant qu'échantillonnage de textes), s'effrite dès le second livre. On s'aperçoit également que les frontières qui séparent les intertextes disparaissent au fur et à mesure que la subversion du territoire littéraire gagne du terrain.

1. La mêlée des textes ou l'abolition des catégories littéraires

Dans *Les Guérillères*, le principe organisateur des intertextes est celui de l'emmêlement. Ce choix s'avère judicieux dans la mesure où le genre mis en cause est celui du roman épique. Ainsi, tout au long de l'œuvre, mythes et récits historiques, légendes et discours scientifiques, poèmes et clichés, chants et concepts sont réunis de manière à favoriser les affrontements. Dans le passage suivant, par exemple, on reconnaîtra sans peine un résumé des thèses essentialistes et misogynes véhiculées par divers mythographes, philosophes et médecins :

> Elles disent qu'on leur a donné pour équivalents la terre la mer les larmes ce qui est humide ce qui est noir ce qui ne brûle pas ce qui est négatif celles qui se rendent sans combattre. [...]. Elles disent qu'elles peuvent tout aussi bien être mises en relation avec le ciel les astres dans leur mouvement d'ensemble et dans leur disposition les galaxies les planètes les étoiles les soleils ce qui brûle celles qui combattent avec violence celles qui ne se rendent pas. [...] elles disent que c'est tomber de Charybde en Scylla, éviter une idéologie religieuse pour en adopter une autre [...] (*G*, p. 111-112).

Monique Wittig prend, en outre, un malin plaisir à entrecroiser textes officiels et officieux, oraux et écrits, anciens et modernes, européens et appartenant à d'autres cultures. Elle passe ainsi du mythe de la toison d'or aux dessins des grottes paléolithiques, d'un traité de sexologie à la quête du Graal, de l'histoire de l'héroïne tchèque Vlasta aux chroniques militaires du général Giap, d'un exemple d'antithèse à un slogan de Mao. Elle le fait plus ou moins librement, comme en atteste le passage suivant où se heurtent, après le refrain d'une chanson de la Révolution française, une vision de Rimbaud et une mise en garde de Choderlos de Laclos[105] :

> Elles chantent et dansent et chantent, dansons la Carmagnole / vive le son / vive le son / dansons la Carmagnole / vive le son du canon. Quelqu'une les interrompt pour célébrer ceux qui dans leur combat les ont rejointes. Sous le soleil alors, un mouchoir sur la tête, elle se met à lire un papier déplié, par exemple, quand le monde changera et que les femmes pourront un jour prendre le pouvoir en main et s'adonner à l'exercice des armes et des lettres dans lesquels sans aucun doute elles ne tarderont pas à exceller, malheur à nous (*G*, p. 194).

On le constate, Monique Wittig ne se contente pas de provoquer des corps à corps textuels pour miner les structures du territoire culturel, elle recourt également au procédé de dérivation « hypotextuelle » (résumé, recontextualisation ou amplification), pour emprunter la terminologie de Gérard Genette. À ce titre, sa version du conte de Blanche Neige est exemplaire dans la mesure où elle met un terme à l'impuissance du personnage éponyme et par là au modèle de la jeune victime sur lequel se fonde le genre : « Blanche Neige dit qu'elle [...] n'a plus peur du tout et s'emparant d'un bâton, elle se met à courir de tous les côtés, on peut la voir cogner de toutes ses forces contre les troncs d'arbre » (*G*, p. 65). Plus encore, il lui arrive d'inventer, à la manière de Jorge Luis Borges, une citation – comme lorsqu'elle attribue à la mère de Socrate, Phénarète, ces paroles extrêmement éloquentes : « Je dis que ce qui est, est. Je dis que ce qui n'est pas, est éga-

---

105. Rimbaud : « Quand sera brisé l'infini servage de la femme, quand elle vivra pour elle et par elle [...], elle sera poète [...]. Elle trouvera des choses étranges, insondables, repoussantes, délicieuses ; nous les prendrons, nous les comprendrons », Lettre du 15 mai 1871 à Paul Demeny, *Poésies*, Paris, Librairie Générale de France, p. 203-204. Choderlos de Laclos : « [L]'éducation prétendue, donnée aux femmes jusqu'à ce jour, ne mérite pas [...] le nom d'éducation, [mais] si [...] quelques femmes parvenaient à se la procurer ce serait un malheur [...] pour nous », *Œuvres complètes*, p. 403-404.

lement » (*G*, p. 17) – ou un personnage – comme « la déesse Eristikos » (*G*, p. 31), ironiquement créée à partir du mot grec qui signifie « controverse ».

Le montage intertextuel que construit Monique Wittig brouille si bien, dans *Les Guérillères*, les frontières entre Histoire et Fiction, met si bien en déroute la légitimité du point de vue, qu'il questionne les notions mêmes de « réalité » et d'« imagination ». Notons que l'œuvre se déroule dans le contexte d'une guérilla, et que le propre de ce combat constant, par opposition à la guerre, n'est justement pas l'appropriation du pouvoir de légitimation du réel, mais l'émergence d'une perspective inédite sur le monde et, par conséquent, la révision de son système de représentation. Dans le cas qui nous occupe, la guérilla vise l'abolition des catégories de sexe – indexées par le genre – en tant qu'elles institutionnalisent la subordination des femmes. C'est dans ce cadre que les guérillères évaluent le genre littéraire le plus susceptible de transposer leur combat, à savoir l'épopée, et concluent à la nécessité de sa transgression :

> Elles disent que, pour faire un cycle, il faut une série d'actions éclatantes ou d'événements extraordinaires et funestes. Charlotte Bernard dit qu'elles ne sont pas concernées. [...]. Marie Serge dit qu'aussi bien le cycle peut se référer à des mythologies et ne pas faire mention d'actes qui aient quelque semblant de réalité. Flaminie Pougens dit que pour qu'elles [les guérillères] y soient tout à fait impliquées il faut les inventer (*G*, p. 129).

En tirant les fils de textes mémoriels[106] et légendaires[107] de nombreuses cultures (gréco-latine, moyen-orientale, asiatique, américaine), Monique Wittig fait, pour sa part, éclater le grand texte de la culture mondiale ou, plus spécifiquement, la

---

106. Signalons, entre autres, *Les Dames galantes* de Brantôme, *Les Sociétés secrètes en Chine* et *La Guerre civile en France en 1870* de Karl Marx, *Dix jours qui ébranlèrent le monde* de John Reed, *L'Histoire générale des choses de la Nouvelle Espagne* de Bernardino de Shahagun.
107. Il s'agit, entre autres, des épopées d'Homère, du *Mahâbhârata*, de *L'Arthaçastra* de Kautyla, de *La Chanson de Guillaume* et du cycle breton, de contes de Charles Perrault et de mythes japonais, aztèques, chinois, etc.

vision que l'on en a. En d'autres termes, elle s'attaque à l'ensemble des catégories hiérarchiques et normatives qui structurent la culture occidentale[108].

Signalons que plusieurs critiques qui se sont aventurés à classifier cette œuvre ont hésité entre deux genres littéraires. Certains la qualifient d'utopie[109], parce qu'elle semble toujours se dérouler, sinon dans un autre monde, du moins dans un autre temps ; d'autres parlent de récit épique[110], dans la mesure où elle met en scène un rapport antagoniste entre deux groupes sociaux. Mais plus nombreux encore sont ceux qui parlent d'une œuvre clairement hybride[111], preuve que l'auteur s'inscrit en faux contre les catégories existantes. En réalité, la classification des genres romanesques, fondée sur le récit au détriment de la structure intertextuelle, prévient la saisie des *Guérillères* en tant qu'épopée formelle, c'est-à-dire mise en évidence et dépassement du cadre axiologique qui détermine le système de représentation dont dépend le roman moderne. En somme, l'œuvre des *Guérillères* consiste en la progressive neutralisation d'une culture qui articule l'exclusion, invente l'Autre. Or, comme le rappelle Kathryn Mary Arbour :

> Wittig reconnaît que le fait de se retrouver « hors des frontières d'une culture » équivaut à être prisonnier de cette culture. Les étrangers peuvent être à jamais obsédés par leur condition de sans-statut. Dans *Les Guérillères*, Wittig détruit la culture [dualiste] de sorte qu'il n'y a plus d'intérieur et d'extérieur[112].

Après cette neutralisation effectuée sur le territoire du roman épique, l'auteur peut, dans *Le Corps lesbien,* tenter de jeter

---

108. Voir *L'Orientalisme. L'Orient créé par l'Occident* d'Edward W. Saïd, p. 392.
109. Voir Molly Hite, « Writing – and Reading – the Body : Female Sexuality and Recent Feminist Fiction », p. 132.
110. Voir Sally Beauman, « Les Guérillères », p. 5.
111. Voir Laurence M. Porter, « Writing Feminism : Myth, Epic and Utopia in Monique Wittig's *Les Guérillères* », p. 93 ; Kathryn M. Arbour, *French Feminist Re-Visions : Wittig, Rochefort, Bersianik and D'Eaubonne...*, p. 52 ; Susan Rubin Suleiman, *op.cit*, p. 131 ; Erika Ostrovsky, *op. cit.*, p. 241-251.
112. Kathryn M. Arbour, *op. cit.*, p. 19-20.

sur celui du roman d'amour les bases de nouvelles perspectives sur le monde. Elle le fait, comme nous allons le voir maintenant, en s'attachant aux phénomènes de production des textes qui sont à l'origine du récit littéraire, à savoir les mythes.

2. Le va-et-vient des mythes : un nouveau corps de Passion

Dans *Le Corps lesbien*, Monique Wittig interpelle essentiellement les mythes liés à la mort et à la renaissance, comme ceux convoquant les figures d'Isis et d'Osiris, d'Eurydice et d'Orphée, d'Ishtar/Astarté, de Coré/Perséphone et du Christ. Plus précisément, elle évoque les deux complexes mythiques centraux de la culture occidentale, celui de la dévoration/destruction – avec Déméter (« la Vorace »), Scylla (« celle qui déchire »), Dercéto (« la baleine de Der » à l'origine du mythe de Jonas), etc. – et celui de la métamorphose – avec Ocyrhoé (en cheval), Daphné (en laurier), Aréthuse (en eau), etc. Elle y parvient, comme nous l'avons montré dans une étude précédente[113], en recourant au procédé intertextuel du « va-et-vient », que Michael Riffaterre compare à une « gymnastique verbale où deux textes "font la preuve" de l'un et de l'autre, tour à tour, par leur capacité à se superposer l'un sur l'autre[114] ». D'où son choix, pour hypotexte de base, non seulement de l'imposante retranscription de mythes de la dévoration et de la transformation que représentent *Les Métamorphoses* d'Ovide, mais également du *Nouveau Testament* en tant que récit de la transsubstantiation eucharistique réunissant et cristallisant ces deux grands complexes mythiques. Mais ici, le procédé du va-et-vient morcelle spécifiquement le récit fondateur de la culture chrétienne, en exposant les mythes païens qui sont à sa source.

Plus largement, ce montage intertextuel transgresse, au fil des 110 récits poétiques qui composent *Le Corps lesbien*, la mythologie occidentale basée sur la passion sacrificielle et la soumission à une autorité, pour en faire un espace de jeu fondé sur la passion interactive et sur la confrontation. De la

---

113. Dominique Bourque, « De l'intertextualité mythique dans *Le Corps lesbien* de Monique Wittig ».
114. Michael Riffaterre, « La trace de l'intertexte », p. 8.

formule liturgique « le Corps du Christ », on passe, dans le titre de l'œuvre, à la formule ironique « le Corps lesbien », qui consacre la métamorphose du corps de souffrance par excellence en corps de jouissance par excellence. Or, les amantes du *Corps lesbien*, présentées d'entrée de jeu comme des êtres combatifs – « m/a très forte m/a très indomptable m/a très savante m/a très féroce m/a très douce » (*CL*, p. 7) –, à l'image des chasseresses vierges d'Artémis, s'offrent aussi comme aliment, mais seulement l'une à l'autre et sans que mort s'ensuive ; bien au contraire.

> M/a très délectable j/e m/e mets à te manger, m/a langue humecte l'hélix de ton oreille [...] (*CL*, p. 17) ;

> J//ai avalé ton bras [...]. Tes doigts se mettent en éventail dans m/on œsophage [...]. J/e lutte contre l'éblouissement (*CL*, p. 59) ;

> [T]u m//avales, j/e rentre tout droit dans ton œsophage immense rouge illuminé (*CL*, p. 101) ;

> J/e commence par le bout de tes doigts, j/e mâche les phalanges, j/e broie les métacarpes les carpes, [...] j/e détache le biceps de l'humérus, j/e le mange, j/e m/e repais de toi m/a très délectable [...], j/e t'absorbe m/a très précieuse, à l'intérieur de m/oi j/e te retiens (*CL*, p. 137).

De manière ludique, Monique Wittig substitue au corps sacrifié (ici, par le régime de la sexuation sociale plutôt que par celui qu'instaure *Le Nouveau Testament*) un « corps » de *désir*, soit un « sujet » inattendu dans l'économie misogyne. Comme le souligne Namascar Shaktini : « Le *Corps lesbien* affirme, par le truchement de sa propre existence dans le discours littéraire, le concept d'un sujet désirant de sexe féminin[115]. » L'auteur court-circuite, par ailleurs, l'imaginaire occidental qui fige les personnages d'amantes en objets érotiques « morcelables » (cheveux soyeux, joli minois, taille fine, etc.), en montrant ces dernières comme des êtres à part entière, c'est-à-dire actifs et changeants, donc insaisissables.

---

115. Namascar Shaktini, « A Revolutionary Signifier : The Lesbian Body », p. 300.

[J]/e suis empoisonnée par toi qui m/e nourris, j/e m/e rétrécis, j/e deviens toute petite, j/e suis une mouche maintenant [...], tu essaies vainement de me cracher [...], j/e pose m/es ventouses contre ta douce luette (*CL*, p. 17) ;

Pourquoi [...] t'es-tu faite pierre alors que j/e t'aime si tendrement ? [...] J//en appelle aux déesses, qu'elles m/e changent en pierre m/on flanc soudé à ton flanc (*CL*, p. 26) ;

[J]/e m/e mets à hennir à m/on tour aussi fort que j/e peux [...], j/e galope à présent [...], m/es pattes foulent le sable avec bonheur [...] (*CL*, p. 110-111) ;

Ta peau enregistre une autre série de réactions [...] des taches vertes violettes rouges apparaissent par plaques [...]. Les serpentes ont fini par dissimuler toutes les parties de ton corps. Alors à ton tour lentement tu te mets à te rouler et à te dérouler (*CL*, p. 126).

De même que Monique Wittig récupère les fils de mythes centraux pour les retisser, de même, elle retrouve et rassemble, à la manière d'Isis, les parties dispersées du corps lesbien.

J/e cherche [...] tes morceaux [...], j/e trouve ton nez une partie de ta vulve tes nymphes ton clitoris, j/e trouve tes oreilles un tibia puis l'autre, j/e te rassemble bout à bout, j/e te reconstitue, j/e remets en place tes yeux [...], j/e dispose tes cheveux sur les mottes d'herbe, m/oi Isis la très puissante j/e décrète que comme par le passé tu vis Osiris m/a très chérie m/a très attaiblie [...] (*CL*, p. 86-87).

Elle boucle, de plus, le récit biblique (*La Genèse*) qui consacre par écrit le corps de souffrance, la victime propitiatoire : « J/e te fais rentrer dans la terre d'où tu sors pour n'en plus revenir m//abattant sur toi [...], j/e te tue [...] » (*CL*, p. 159 et 162)). De la sorte, l'auteur annule les fondements du système de représentation que constituent les notions d'exclusion (du paradis terrestre) et de châtiment (« tu es glaise et tu retourneras à la glaise[116] »), pour en proposer d'autres qui soient

---

116. *La Bible de Jérusalem*, p. 21.

davantage liés à la mobilité de l'être et à ses possibilités de dépassement.

Toutefois, aucun critique du *Corps lesbien* ne s'est arrêté à sa structure intertextuelle au moment d'aborder sa dimension subversive. En effet, la plupart ont été soit séduits par les qualités poétiques de ce chant d'amour, que plusieurs comparent au *Cantique des cantiques*, soit choqués par la violence textuelle déployée par l'auteur pour démanteler les clichés entourant les personnages d'amantes et le thème de la passion[117]. Répondant à ces derniers commentateurs, Erika Ostrovsky émet la remarque suivante :

> Une telle insistance accordée à la dimension violente de la poésie de Wittig est sans doute exagérée. Il n'en demeure pas moins essentiel d'en discuter, puisqu'elle remplit plusieurs fonctions importantes. En effet, et bien qu'il s'agisse d'un poème d'amour, cette dimension transforme l'œuvre d'art en « machine de guerre » détruisant ainsi les formes existantes. Elle oppose également une nouvelle approche aux modèles traditionnels, mais, surtout, elle explore l'expérience de l'amour avec une profondeur et sur un mode jamais tentés[118].

Par son continuel va-et-vient entre les fils mythiques païens et chrétiens, Monique Wittig opère la déconstruction de textes sacrés, ou censés être intouchables et immuables, et elle remplace le pacte de soumission des croyants envers Dieu par un pacte amoureux entre êtres égaux. Elle substitue, en outre, au rapport Père autoritaire/Fils victime (mythes cannibales) et Prétendant tout puissant/Vierge impuissante (mythes de la métamorphose), un rapport de réciprocité entre amantes. Ce faisant, elle met en évidence le processus de la création textuelle, qui est absorption et transformation de textes précédents.

---

117. « Les idées de Monique Wittig sur l'amour suffiraient à inciter n'importe quelle âme timide qui se trouverait sur son île à s'embarquer dans le premier traversier en direction d'un couvent », auteur anonyme, « Butch telegraph », p. 5. Voir aussi C. J. Rawson, *Cannibalism and Fiction*, p. 227-313.
118. Erika Ostrovsky, *op. cit.*, p. 92.

Le réagencement des mythes centraux de la culture occidentale dans *Le Corps lesbien* démantèle la forme romanesque de manière plus radicale encore que la juxtaposition d'échantillons de textes dans *L'Opoponax* et l'entrecroisement des formes littéraires dans *Les Guérillères*. Ainsi, l'une des fonctions premières de cette œuvre est de faire violence aux textes antérieurs. En rappelant, par exemple, les récits d'amours homosexuelles et lesbiennes, ainsi que les mythes liés aux rapts de Ganymède, des nymphes ou des chasseresses d'Artémis dans les textes qui ont précédé l'ère chrétienne en Grèce, *Le Corps lesbien* ébranle de fait l'image des amants polarisés (hiérarchisés) et expose au grand jour les rapports sociaux de sexe que recouvre le mythe de l'amour tel qu'il est dépeint dans les romans modernes érotiques ou sentimentaux[119]. Cette brèche dans la représentation d'amants plus ou moins respectueux des conventions sociales permet un traitement extrêmement libre et nuancé des relations amoureuses.

Nous employons à dessein la forme non marquée du mot « amants » pour insister sur le fait que Monique Wittig traite moins, dans *Le Corps lesbien*, d'individus en particulier que d'êtres humains. En attestent son usage exclusif des pronoms épicènes « je » (scindé) et « tu », ainsi que son approche « anatomique » et « physiologique ». De fait, les nombreuses descriptions corporelles des protagonistes ne visent pas la configuration d'un visage et d'une silhouette précis, mais portent sur des composantes organiques et structurelles : « J/e découvre que ta peau peut être enlevée délicatement pellicule par pellicule, j/e tire, elle se relève, elle s'enroule [...] découvre les muscles ronds et les trapèzes du dos [...] » (*CL*, p. 9). Combinés à la centralité des références mythiques, ces choix formels donnent à l'illustration du sentiment amoureux une dimension plus universelle que ce qu'a pu réaliser jusqu'ici le récit romanesque. D'où cette remarque d'Erika Ostrovsky :

---

119. Pascale Noizet, *op. cit., passim*. Ce pourrait être un exemple de ce que Roland Barthes décrit comme « la mystification qui transforme la culture petite-bourgeoise en nature universelle », *Mythologies*, p. 8.

Au niveau le plus fondamental, il [*Le Corps lesbien*] est l'exploration la plus intense et la plus complète de tous les aspects possibles et de toutes les facettes imaginables de l'expérience affective et physique que constitue l'amour – partout, en tout temps et entre tous les individus possibles[120].

Ajoutons que la constante mise en abyme de mythes dédouble, et parfois même démultiplie, chacun des textes qui composent *Le Corps lesbien*, de telle sorte qu'il est impossible de lire ce dernier comme un simple récit. On entrera plutôt dans cette œuvre comme en un labyrinthe bourdonnant de « paroles » (*mythos*) plus ou moins familières, labyrinthe à l'intérieur duquel il est plus aisé d'évoluer en suivant le fil d'Ariane de la structure intertextuelle. Après cet investissement du côté des mythes, Monique Wittig puise son inspiration dans une œuvre qui annonce la Renaissance humaniste en Europe, et donc un retour aux valeurs de l'Antiquité. Avec le même humour qui lui a servi à miner le roman d'apprentissage à partir du corpus scolaire, le roman épique à partir de textes représentatifs de diverses idéologies, et le roman d'amour à partir des mythes, l'auteur affronte maintenant le roman d'aventures en recourant à *La Divine Comédie* de Dante.

3. La recontextualisation hypertextuelle : l'émergence d'une nouvelle perspective

Ainsi, après être successivement passée de l'ensemble des textes existants aux catégories littéraires, puis aux complexes mythiques dans *L'Opoponax*, *Les Guérillères* et *Le Corps lesbien*, dans *Virgile, non* Monique Wittig précise encore son corpus intertextuel en choisissant un seul hypotexte pour toile de fond, en l'occurrence un poème. *La Divine Comédie*, qui « intériorise l'action et les motifs traditionnels de l'épopée[121] », unit rien moins, selon Daniel Madelénat, que « la tradition médiévale au modèle homérique[122] ». C'est d'ailleurs

---

120. Erika Ostrovsky, *op. cit.*, p. 78.
121. Daniel Madelénat, *op. cit.*, p. 214.
122. *Ibid.*, p. 216.

cette dimension profondément hybride de l'œuvre, également décrite comme « une manière de songe prémonitoire où s'interpénètrent le récit d'une initiation mystique et l'exposé d'une doctrine politique[123] », qui la distingue le plus clairement des autres textes « sérieux » de son époque – sa qualification de « comédie » n'étant due qu'à sa fin heureuse. Plus concrètement, *La Divine Comédie* condense, avec bonheur, les genres littéraires du récit de voyage, de la quête spirituelle, du dialogue philosophique, du traité de théologie et de la thèse cosmogonique. En outre, ce poème narré à la première personne rompt également avec le latin associé à la tradition scolastique. Rédigée en toscan dans un style parfois réaliste et proche de la prose, l'œuvre de l'humaniste florentin se voulait accessible à l'ensemble de ses contemporains.

Là où Dante propose une interprétation du monde mystique et anagogique, c'est-à-dire idéaliste, l'auteur de *Virgile, non* s'attache à articuler une perspective matérialiste originale. Là où le magistrat-prieur démis et banni de sa ville natale inscrit sa conviction que « le salut de l'humanité pécheresse et livrée au désordre se trouve lié à la restauration du pouvoir temporel impérial usurpé par une Église corrompue[124] », l'ancienne militante féministe, désormais en exil, affirme sa propre conviction que les maux de l'humanité sont issus d'une aliénation des êtres qui peut et doit être combattue. Alors que, pour Dante, Dieu a créé un monde sensé et juste, ce dont rend compte l'harmonieuse structure ternaire (Enfer, Purgatoire, Paradis) de *La Divine Comédie*, pour Monique Wittig, l'ordre hiérarchique du monde, tel qu'il a été arrêté et imposé par une poignée d'individus à travers les âges, n'est qu'une fiction servant à masquer l'esclavagisme et les autres injustices humaines. Aussi relocalise-t-elle l'enfer de *La Divine Comédie*, en le redéfinissant comme un ensemble de misères et de sévices dans la vie de tous les jours, et désigne-t-elle par l'expression « âmes damnées », non plus les pécheurs, comme le fait Dante, mais les êtres les plus exposés

---

123. Cécile Sérédia, préface de *La Divine Comédie* de Dante, p. 11.
124. *Loc. cit.*

à la pauvreté, à la violence et à l'exploitation, à savoir les individus de sexe féminin.

Plutôt qu'à une traversée ordonnée, à la suite du doux poète Virgile, des cercles de l'Enfer et du Purgatoire jusqu'au Paradis, nous sommes entraînés, dans *Virgile, non*, parfois dans un désert, parfois dans un dédale de rues et d'allées mal éclairées, voire dans les limbes d'un bar lesbien ou dans le paradis que représentent de rares moments de bonheur, le tout sous la bonne garde d'une philosophe armée, du nom de Manastabal. De même que Dante met en scène un personnage qui porte son propre nom, de même Monique Wittig donne son patronyme à sa narratrice. Alors que le but de l'auteur éponyme de Dante est d'interroger les pécheurs pour mieux connaître Dieu et sa justice, Monique Wittig veut comprendre pourquoi les âmes damnées de la terre en sont venues à accepter le sort qui leur est réservé. La narratrice « Wittig » tente aussi, avec Manastabal, de délivrer celles qui peuvent l'être parmi les prostituées, ménagères accablées, jeunes femmes affamées ou homosexuelles suicidaires. Encore faut-il qu'elles le veuillent, ce qui est rarement le cas. D'autant que le lesbianisme affiché de l'auteur fictif suscite plus de méfiance que de confiance. Constatant ainsi l'ampleur des dégâts, « Wittig » s'emporte ou se désespère.

Néanmoins, si Monique Wittig fait place au « moi concret du poète, avec ses doutes, ses colères, ses souvenirs[125] », ce n'est pas pour « compense[r], comme Dante, l'invasion du merveilleux[126] » dans le texte (les métamorphoses des pécheurs en enfer par exemple), mais, au contraire, pour mettre en relief le cauchemar que vivent les âmes damnées et la nécessité d'agir. Par ce retour à l'action héroïque concrète, Monique Wittig renoue avec la dimension proprement aventureuse de *L'Odyssée* d'Homère (que laisse tomber Dante qui s'inspire également de cette épopée) : « *L'Odyssée* est une épopée "romanesque", une sorte de roman d'aventures : le héros, après avoir pensé vingt fois mourir, retrouve à la fin sa

---

125. Daniel Madelénat, *op. cit.*, p. 216.
126. *Loc. cit.*

femme, sa maison et les siens[127]. » Elle peut ainsi soulever la question de la conquête de la « liberté » au sens existentiel du terme. Car comment passe-t-on de la condition de jouet (de la vie, des autres), à celle de réd/acteur, de transformateur (de sa vie et du monde), semble demander la narratrice « Wittig » à son guide. En participant activement, répond Manastabal, au remplacement de la morale judéo-chrétienne qui demande aux victimes, aussi nombreuses soient-elles, d'accepter leur sort et leurs maux, par une morale qui pose la liberté comme projet de vie, non seulement pour acquérir une meilleure conscience de soi et des autres, mais aussi pour alléger la souffrance humaine :

> [O]n ne peut aborder les âmes damnées que parce qu'on a pour but de les faire sortir de l'enfer et d'y réussir, coûte que coûte. Et à ce faire c'est aussi bien pour soi qu'on travaille comme il n'y a de liberté que précaire et que son maintien est à ce prix (*VN*, p. 38).

Sur le plan stylistique, Monique Wittig recontextualise l'hypotexte de la *Divine Comédie* en le « prosifiant », comme dirait Gérard Genette. Le langage oral qu'elle adopte est chargé d'expressions populaires[128] – « je me tiens à quatre » (p. 14), « se faire la malle » (p. 29), « en venir aux mains » (p. 57) –, mêlé d'anglais – « dykes » (p. 21) (offensif) « Do you want a ride ? » (p. 50), « parking-lot » (p. 58) – et de références associées à la culture populaire occidentale, comme la vie des héros et des saints (d'Alexandre à Zorro, de saint Georges à Jeanne d'Arc), ainsi que les légendes et les contes (monstres et personnages mythiques, *Alice au pays des merveilles*). Par ses choix linguistiques et culturels, non seulement l'auteur rejoint ses compatriotes, mais elle entre aussi en dialogue avec ses contemporains.

Par ailleurs, la subversion qu'opère Monique Wittig vis-à-vis du genre même du roman d'aventures –, « un récit plus

---

127. Robert Flacelière, Introduction à *L'Iliade et l'Odyssée* d'Homère, p. IV.
128. On notera que l'auteur déforme, à l'occasion, ces clichés de manière à mettre en relief son propos et à maintenir l'attention de ses lecteurs : « elles font boucherie double » (p. 51), « de rire finit par se tordre les côtes » (p. 89), « ils ont la dent leste » (p. 117).

récit que les autres [...] à l'intérieur d'une narration exemplaire[129] » –, s'apparente à celle que réalise Dante. De même que dans *La Divine Comédie* le « parcours héroïque obéit à la nécessité interne du salut (et non plus à la logique formelle d'une intrigue)[130] », de même, dans *Virgile, non,* il obéit à la nécessité de la « délivrance ». L'arrachement des personnages à leur aliénation sociale et historique implique leur mise à distance du récit romanesque en tant qu'il reproduit dans sa forme et dans ses thèmes les idées reçues. En d'autres termes, la narratrice de *Virgile, non* doit représenter le monde sur la base de ses propres perceptions dissidentes et non plus sur celles que lui fournissent l'ensemble des romans. D'où son choix de ne pas se référer aux œuvres romanesques et de traiter de manière extrêmement dépaysante les personnages féminins.

D'une part, elle désérotise leur objectivation :

> Il s'agit bien d'une revue avec la quantité de tissu brillant et de chair nue qui convient. Celles qui ont des plumes attachées au derrière et sur la tête également en grands panaches marchent devant, en faisant balancer les plumes de leur chef et les plumes de leur cul. Celles qui ont des oreilles et des queues blanches et rondes de lapin marchent immédiatement derrière [...] (*VN*, p. 54),

et associe leur situation, non sans humour, à celle des éclopés de guerre :

> Les tambours et les grosses caisses battent et on voit arriver [...] ce qu'on ne voit jamais physiquement quoiqu'on en ait la connaissance abstraite. Des âmes damnées dont les pieds ont été découpés et qui maintenant sont bandés comme des bouts de pieux, tout ronds, marchent les premières car il faut bien qu'elles règlent la vitesse de l'avance générale. [...]. Celles qui sont châtrées suivent en plusieurs pelotons constitués suivant leur forme de mutilation, qui n'ayant que l'absence d'un clitoris à déplorer, qui privées en plus du capuchon, des nymphes, [...] (*VN*, p. 93-95).

---

129. Ariel Denis, « Roman d'aventures », *Dictionnaire des genres et notions littéraires*, p. 649.
130. Daniel Madelénat, *op. cit.*, p. 215.

D'autre part, elle renouvelle, sur le mode ludique, l'image des protagonistes lesbiens : « C'est à moi à faire leur louange et à dire que toute beauté de geste et de corps y étant aussi bien que la force, il ne leur manque rien pour être anges en paradis s'il advient » (*VN*, p. 45). De la sorte, elle renverse ironiquement la perspective qui faisait des lesbiennes des « âmes damnées » dans la littérature depuis l'avènement du christianisme.

En outre, les perceptions inédites de « Wittig » s'inscrivent non pas dans une histoire en bonne et due forme, ce qui aurait l'effet de les dissoudre, d'en diminuer la force d'impact, mais dans un texte fragmenté et non linéaire, les chapitres médians composant *Virgile, non* étant interchangeables. En somme, Monique Wittig substitue, au récit d'aventures, l'aventure même de réécrire le monde comme espace de liberté et d'autonomie.

Monique Wittig, comme on vient de le voir, subvertit les genres romanesques en construisant d'ingénieux montages intertextuels qui font éclater la structure et la clôture sémantique du récit sans compromettre la cohérence de l'œuvre. En matérialisant le point de vue distancié et morcelé de l'enfant sur le monde, la *juxtaposition* d'échantillons de textes, dans *L'Opoponax*, déboulonne la vision lisse, évolutive et souvent sentimentale des êtres et des choses qui caractérise les romans d'apprentissage. De la même façon, en concrétisant la guérilla que mènent les protagonistes des *Guérillères* contre les bicatégorisations différentialistes, l'*emmêlement* systématique des formes littéraires (orales et écrites, temporelles et spatiales, fictives et historiques) met en lumière les limites conceptuelles et formelles des romans utopiques et historiques. Et en mettant en scène le processus de création du texte fondateur par l'entremise d'un *va-et-vient* entre les mythes centraux païens et chrétiens, *Le Corps lesbien* saborde le genre du roman d'amour. Enfin, la recontextualisation d'un poème humaniste précurseur de la Renaissance, dans *Virgile, non*, transforme la quête spirituelle du personnage de « l'aventurier » philosophe en opération de sauvetage des personnages condamnés à l'aliénation et à l'esclavage.

## Vers une définition du contre-texte

Dans le prologue, nous avons défini l'œuvre subversive sur le plan intertextuel comme un texte en rupture avec les conventions littéraires formelles et thématiques. On pense, entre autres exemples, à Lautréamont développant, par l'entremise du plagiat, « une écriture de la révolte et de la transgression, qui met à sac la littérature scolaire et académique[131] » ; à Borges qui, par la saturation des références littéraires et la circulation anachronique des textes, « bouleverse la succession des œuvres et leur dénie tout rapport d'engendrement et de filiation[132] » ; ou encore à Georges Pérec qui, par la combinatoire mathématique, rompt avec « une conception de l'œuvre linéaire, au développement organique[133] ».

Monique Wittig, elle aussi, adhère, comme nous venons de le voir, à cette pratique du « nivellement et de l'égalité de tous les écrits[134] » qui fait « éclater la linéarité du texte[135] ». Toutefois, elle systématise encore davantage cette « rupture qui met à mal la tradition, bafoue l'autorité des modèles et modifie profondément le statut et la nature du texte[136] ». En effet, elle ne se contente pas d'exacerber le métissage propre au roman par la négation, l'érudition ou l'habileté technique, mais elle le formalise en convoquant spécifiquement les textes sources de ce genre, à savoir l'épopée et le chant d'amour. En outre, elle structure ce métissage de manière non seulement à sortir du cadre de l'histoire, du récit, mais à créer également un sur-texte capable d'évoquer ce qui reste normalement entre les textes, voire dans un sous-texte : les silences, les détours, les paradoxes, etc. De la sorte, elle s'attache à faire surgir ce qui n'existe encore que dans

---

131. Lautréamont (*Les Poésies*, II, 1870), cité par Nathalie Piégay-Gros, *op. cit.*, p. 135. Lautréamont remet également en cause « l'écriture individuelle et [...] la propriété littéraire », *ibid.*, p. 137.
132. *Ibid.*, p. 134.
133. *Ibid.*, p. 145.
134. *Ibid.*, p. 146.
135. Laurent Jenny, « La stratégie de la forme », p. 266.
136. *Ibid.*, p. 135.

l'informe ou l'interdit : « Je dis que ce qui n'est pas, est également » (*G*, p. 17).

Par cette hybridation systématique des textes fondateurs du roman – qui sont aussi à l'origine de l'ensemble des textes littéraires – et de leurs « héritiers », Monique Wittig expose donc le territoire littéraire comme un tout dont il devient possible de se distancier. De fait, en se concentrant sur les frontières des œuvres, les passages d'un genre à l'autre (par exemple du mythe au récit épique sacré), leurs métamorphoses ou leurs recontextualisations (comme celles de *L'Odyssée* ou de *La Divine Comédie*), elle recadre, déplace, ouvre l'univers du littéraire. Dans la mesure où cette stratégie fait violence tant aux œuvres antérieures qu'aux catégories qui les définissent (personnages féminins et masculins, littérature orale et écrite, fiction et essais, etc.), et donc au système symbolique qui les sous-tend (existence d'essences transcendantales, binarisme, complémentarités des sexes), Monique Wittig élabore un véritable contre-texte.

Quand elle entrecroise de manière *radicale* et *structurale* l'ensemble des textes de la littérature européenne, incluant l'épopée et le poème lyrique, elle transgresse en effet le genre « encore inachevé[137] » du roman, à tout le moins dans sa forme de vitrine et de parodie des formes monologiques, en exposant au grand jour sa propre clôture axiologique et conceptuelle. Elle procède en court-circuitant les deux pôles catégoriels du système de représentation occidental, c'est-à-dire en abolissant – aux trois paliers repérables de l'architexture romanesque que forment les personnages, le style et la thématique – sa structure binaire (guerrier/amante, héroïsme/ lyrisme, aventure/amour). Elle le fait également par l'entremise de montages intertextuels – juxtaposition, entremêlement, va-et-vient ou recontextualisation paradoxale d'intertextes ou d'hypotextes – qui non seulement morcellent la structure narrative de chaque œuvre, mais la dominent sur les plans formel et sémantique. Plus spécifiquement, nous avons vu que ces montages intertextuels subvertissent les récits romanesques canoniques sur l'enfance, les guerres, les rencon-

---

137. Mikhaïl Bakhtine, *Esthétique et Théorie du roman*, p. 441.

tres amoureuses, ainsi que les récits d'aventures, au profit d'un recadrage de leurs thèmes. Naît alors un nouveau texte où les catégories essentielles comme le masculin et le féminin ou la passion et l'action ne signifient plus rien, et où la matérialité de l'écriture est mise en relief.

En intégrant et en transformant de la sorte l'ensemble des textes de la culture occidentale, depuis les vers épiques et lyriques jusqu'au roman, Monique Wittig ne cherche pas à s'appuyer sur l'autorité des auteurs ou des modèles précédents, pas plus qu'elle ne s'emploie à tout renier, à faire table rase de la culture littéraire. En effet, son but consiste à mettre au jour ce qui ne l'a pas encore été et à trouver, pour ce faire, la forme qui conviendra le mieux. En ce sens, les contre-textes qu'elle propose retissent les fils intertextuels les plus susceptibles d'ouvrir le texte occidental à d'autres perspectives, d'explorer ses marges et ses blancs. À ce stade, nous définirons donc le contre-texte comme un texte déroutant qui surgit du morcellement et de la reconstruction de textes représentatifs de la culture occidentale. Il reste à voir, à présent, ce que l'étude de la subversion dialogique ou de l'interdiscursivité chez Monique Wittig peut ajouter à la compréhension de son œuvre, ainsi qu'à la définition du contre-texte. Et donc à analyser à partir de quelles perspectives inédites l'auteur peut tendre vers de l'inconnu et ainsi inscrire une critique du texte dans le texte.

## II. La subversion dialogique

> *À Diogène, vendu comme esclave par des pirates, on demanda ce qu'il savait faire. « Commander, dit-il. Vendez-moi à cet homme là-bas. Il semble avoir besoin d'un maître »*[1].

Les protagonistes de Monique Wittig citent fréquemment, à haute voix et de mémoire, les mots des autres. Ils diront, par exemple, « et introibo ad altare Dei, et j'irai à Dieu qui est ma joie » (*O*, p. 188), « le pouvoir est au bout du fusil[2] » (*G*, p. 204) ou, encore, « on ne peut concevoir que ce qui existe[3] » (*VN*, p. 24). Or, depuis les travaux de Mikhaïl Bakhtine sur le dialogisme dans l'œuvre de Dostoïevski, on sait que si l'on peut distinguer, parallèlement aux mots empruntés, un ton, une manière de parler qui n'appartiennent pas en propre au protagoniste, quand le discours de celui-ci se fait dissonant, prudent ou polémique, on est en présence d'un énoncé dialogique, soit d'une tentative du personnage d'articuler sa propre perspective sur les choses. En ce sens, le roman bivocal est celui qui fait dialoguer des énoncés hétérogènes de manière à rendre possible l'émergence de points de vue inédits sur la scène littéraire.

C'est donc par sa représentation d'une *libre interaction* des énoncés que le roman dialogique mine les perspectives arrêtées (a-hiérarchiques) et absolues (univoques) qui caractérisent une époque. À titre d'exemple, Julia Kristeva rappelle que de telles perspectives étaient incarnées au « Moyen Âge par l'autorité du texte religieux et durant l'ère bourgeoise par

---

1. Ross Chambers, *op. cit.*, p. xiii.
2. *Mao Tsé-Toung*, « Problèmes de la guerre et de la stratégie », p. 311.
3. « [L]es choses que nous concevons fort clairement et fort distinctement sont toutes vraies », René Descartes, *Discours de la méthode*, p. 36.

l'absolutisme de l'individu et des choses[4] ». Plusieurs auteurs, outre Dostoïevski, se sont servis du dialogisme pour articuler de nouveaux points de vue sur le monde. Afin d'appréhender le fonctionnement de ce type de subversion dans l'œuvre de Monique Wittig, nous avons eu recours aux outils de trois théoriciens, à savoir Mikhaïl Bakhtine, Richard Terdiman et Ross Chambers. Voyons brièvement ces outils avant d'examiner l'œuvre de l'auteur sous l'angle de la subversion dialogique.

L'analyse des types d'énoncés et de rapports dialogiques de Bakhtine s'est avérée fort utile pour repérer la présence d'idéologèmes conflictuels au sein des énoncés du corpus wittigien. La distinction stylistique que le théoricien opère entre l'énoncé « objectivé » (apparaissant en style direct), et l'énoncé « dialogique » (apparaissant en style indirect), nous a permis d'affronter la difficulté que pose l'absence de guillemets et de tirets annonciateurs d'un discours rapporté dans ces textes. Quant à la classification du théoricien des types de paroles d'autrui en paroles soit « autoritaires », soit « intérieurement persuasives pour la conscience », elle nous a servi à repérer l'élaboration, propre aux premières œuvres de Monique Wittig, de perspectives individuelles et collectives extrêmement critiques sur le monde.

Un dispositif complémentaire nous a aidé à saisir les modes de représentation des discours et à mieux situer le point de vue qui s'y construit. Nous avons trouvé ce dispositif dans l'ouvrage *Discourse/Counter-Discourse. The Theory and Practice of Symbolic Resistance in the Nineteenth-Century France* (1985) de Richard Terdiman. Précisons d'abord que Terdiman donne le nom de « contre-discours » à toute expression d'opposition à la clôture du sens produite par l'hégémonie idéologique, que cette opposition s'incarne explicitement par une prise de parole (polémique) ou, implicitement, par un obscurcissement des sens de la langue (poésie). Annoncé par le roman d'éducation, qui rend plus accessibles les codes sociaux que la bourgeoisie réservait jusque-là à son élite, le contre-discours émerge véritablement avec l'appa-

---

4. Julia Kristeva, *Sèméiôtikè*, p. 107.

rition de sottisiers d/énonçant la bêtise du discours ambiant. Des auteurs comme les frères Goncourt et Gustave Flaubert se mettent, de fait, à reproduire ce discours sur le mode satirique afin d'en médiatiser l'autodestruction. Richard Terdiman décrit ce procédé subversif de la manière suivante :

> À la fois *antagonique* (par son opposition à l'original) et *citationnel* (grâce à la réincorporation de l'original par la parodie même), l'effet satirique peut être compris comme un amalgame productif de ces deux dynamiques antithétiques, l'une tendant vers la différenciation, l'autre, vers l'identité[5].

Outre les bêtisiers, paraissent également des œuvres poétiques comme celles de Baudelaire et de Mallarmé qui tentent de formaliser les limites du discours dominant (du Même) en abordant les thèmes de l'ailleurs ou de l'art insaisissable (l'Autre) et en investissant audacieusement la forme « bourgeoise » par excellence, à savoir la prose. Dans le cas des bêtisiers, le but avoué des écrivains est de combattre la monosémie de l'idéologie hégémonique ainsi que son uniformisation des signes et des symboles. Dans le cas de la prose poétique, les écrivains cherchent à rompre plus radicalement avec cette idéologie pour créer du nouveau inutile, de l'inédit, un Art pour l'Art. Mallarmé écrira : « La littérature existe et, si l'on veut, à l'exception de tout[6]. »

Richard Terdiman baptise « ré/citation » et « dé/citation » ces deux modes du discours dialogique auxquels recourent ces écrivains. Il métaphorise leurs fonctions de la sorte :

> On pourrait arguer que les contre-discours tendent, dans leur relation au discours dominant, à homologuer la réaction du corps à la maladie : ils cherchent soit à cerner leur adversaire pour le neutraliser ou le faire exploser [« ré/citation »], ou ils s'efforcent de l'exclure totalement afin de l'annihiler [« dé/citation »][7].

La ré/citation consiste ainsi en la reproduction satirique de poncifs agencés ou recontextualisés de manière à montrer

---

5. Richard Terdiman, *op. cit.*, p. 202.
6. Mallarmé, *Œuvres complètes* p. 646.
7. Richard Terdiman, *op. cit.*, p. 68.

l'étroitesse et la pauvreté du discours dominant, de manière surtout à contrer l'éternel retour du Même en introduisant un excès, une différence. La dé/citation, quant à elle, procède du mouvement inverse, c'est-à-dire de l'exclusion absolue du champ extra-littéraire et donc du discours qui le domine. Poussée à l'extrême, la dé/citation donne des textes réflexifs, auto-référentiels, à la limite du lisible, comme les poèmes de Mallarmé. Il y a donc, dans ce procédé, un paradoxe criant, une contradiction entre le parti pris de ne pas reproduire le discours monosémique et le repliement sur lui-même, un esthétisme univoque où l'on ne peut manquer de lire, en filigrane, une relation conflictuelle avec l'idéologie bourgeoise. Par ailleurs, en éliminant toute référence au contexte, le texte dé/citationnel renforce le postulat (bourgeois) pas tout à fait innocent qui veut que l'art n'ait rien à voir ou si peu avec la réalité.

En tant qu'héritière des auteurs du « contre-discours », Monique Wittig utilise des procédés qui ressemblent à ceux que cerne Richard Terdiman. Toutefois, plutôt que de se contenter de reproduire, dans le cas de la ré/citation, le discours dominant avec le ton railleur qui marque sa différence, elle le retranscrit, le coule dans la voix d'un personnage étranger à l'économie sociale ambiante. Cette transcription accentue l'effet de défamiliarisation de la satire, crée une distanciation supplémentaire qui rend la dimension subversive de ses textes beaucoup plus décapante que dans le cas des bêtisiers. En ce qui concerne la dé/citation, plutôt que prétendre se couper, comme ses prédécesseurs, de tout discours dominant, elle ne cesse de le défier en choisissant des sujets ou des situations expressément tabous ou polémiques. Mais elle use également d'humour afin d'établir un contact plus étroit avec son lectorat. La classification que propose Terdiman ne peut toutefois rendre compte des stratégies formelles auxquelles recourt Monique Wittig lorsqu'elle inscrit sa vision dissidente du monde dans la structure même de son œuvre plutôt que dans sa lettre.

Dans *Room for Maneuver. Reading (the) Oppositional (in) Narrative* (1991), Ross Chambers étudie spécifiquement ces modes d'inscription structurelle de la subversion qu'il appelle « oppositionnalité » parce qu'ils réaménagent plutôt qu'ils ne remettent en question la légitimité du système de pouvoir. Chambers constate que l'auteur oppositionnel investit l'espace de liberté ou de jeu – d'où l'expression « *Room for maneuver* » (espace de manœuvre) dans le titre de son ouvrage – qui existe entre les deux dispositifs producteurs de sens d'une œuvre que forment l'histoire (le contenu) et son récit (la forme). Cet auteur encourage ainsi le lecteur perspicace à transgresser la signification première d'un texte. Ce recul, qui l'engage à découvrir le sens caché d'une œuvre et donc sa raison d'être, fait de lui un voyeur/voyant, un « *tertius gaudens* », c'est-à-dire un jouisseur (de l'ingéniosité) du texte.

L'oppositionnalité d'une œuvre dépend donc de la prédominance que l'auteur accorde à la fonction textuelle (l'appel du sujet de l'énonciation, ou texte[8], à un lecteur) sur la fonction narrative (l'appel du sujet de l'énoncé, ou narrateur, à un narrataire). Ross Chambers dénombre trois types d'oppositionnalité : l'*ironie,* c'est-à-dire la production médiatisée d'un sens différent de celui produit par la narration, la *mélancolie,* à savoir la production d'une identité en tant que phénomène construit, médiatisé, et la *séduction*, qui est la production médiatisée d'un changement de désir chez un personnage[9]. Ces « tactiques[10] », au sens où Michel de Certeau entend le mot, peuvent se chevaucher ou se combiner, l'ironie structurelle coexistant, par exemple, avec la production médiatisée d'une identité textuelle ou d'un nouveau désir.

Si l'on suit l'histoire de l'oppositionnalité dans la littérature, on s'aperçoit, souligne Ross Chambers, que chacune de ces tactiques correspond *grosso modo* à un grand modèle

---

8. Pour Ross Chambers, le sujet de l'énoncé (produit de l'acte d'énonciation) renvoie à la catégorie grammaticale identifiable du narrateur, tandis que le « sujet » de l'énonciation ne peut que faire l'objet d'une interprétation. *Ibid.*, p. 26.
9. *Ibid.*, p. 17.
10. La « tactique » fait partie, selon Michel de Certeau (*Arts de faire*, p. 21), de l'art de survivre en territoire occupé. Il l'oppose à la « stratégie » qu'utilisent ceux qui contrôlent une situation.

oppositionnel : l'époque classique pour l'ironie, la seconde moitié du XIX$^e$ siècle pour la mélancolie, et l'époque contemporaine pour la séduction. Ce constat s'explique par le fait que chacune d'elles combat plus sûrement une structure de pouvoir qu'une autre, est mieux armée pour contourner son système de censure.

Après les structures d'autorité et d'impuissance absolues qui caractérisent l'Ancien et le Nouveau Régime, naissent, au XX$^e$ siècle, des formes de pouvoir plus subtiles et même insaisissables, selon Ross Chambers, puisque reposant sur une multitude de critères (statut social, classe, ethnie, sexe, âge, scolarisation, situation financière...). Par ailleurs, la médiatisation accrue de l'univers social entraîne une diversité des modes relationnels et une conception plus diffuse de l'identité. Dans ce contexte, le sujet peut reconnaître l'autre sans se nier, être plus tenté de le charmer que de le flatter (tactique de l'ironie en mode autoritaire) ou de le prier (tactique de la mélancolie en mode suicidaire)[11]. En ce sens, la séduction, pour Ross Chambers,

> est la manipulation du désir lorsqu'il est réalisé, non pour le bénéfice du pouvoir, mais par un individu qui se l'approprie – de façon ludique ou irresponsable –, qui sans être investi de grands pouvoirs a recours aux outils propres aux structures dominantes afin de les dévier vers d'autres buts[12].

Cette tactique se distingue clairement des stratégies de séduction du système hégémonique qui tentent, elles, de supprimer, en les niant, les effets de la médiation, comme en atteste l'exemple extrême des dictatures, où le sens accordé au monde est « dicté » sans contestation possible.

En résumé, l'application des outils susmentionnés montre que la subversion discursive présente dans le corpus agit tant sur le plan du contenu que sur celui de la forme grâce à la combinaison astucieuse de différents types de dialogisme. Le premier plan renvoie à un dialogisme explicite (la contre-

---

11. Ross Chamber, *op. cit.*, p. 174.
12. *Ibid.*, p. 222.

discursivité), le deuxième, à un dialogisme implicite (l'oppositionnalité).

Dans le chapitre précédent, nous avons vu qu'en amalgamant systématiquement les textes épiques et lyriques, Monique Wittig rend caduque la classification des protagonistes en genres féminin et masculin et crée des personnages radicalement neufs sur la scène littéraire. Dans ce chapitre-ci, nous explorons comment se construit la perspective sur le monde de ces personnages éminemment subversifs, à partir des mots des autres et de la dialogisation des pronoms opérée par l'auteur. Pour ce faire, nous utilisons les notions « pronom de la personne », qu'élabore le linguiste Émile Benveniste, et de « principe dialogique », distinct du dialogue platonicien, qu'abordent certains philosophes, en particulier Arno Münster[13]. Enfin, nous décrirons les deux types d'instances narratives dialogisées que l'on retrouve dans l'ensemble de l'œuvre, instances qui correspondent aux grands procédés du contre-discours identifiés par Richard Terdiman. Plus spécifiquement, nous explorons comment Monique Wittig construit, dans ses deux premiers romans, le discours des protagonistes à partir des énoncés des autres (ré/citation) et, comment, dans ses deux dernières œuvres, ce nouveau discours rompt avec ces mêmes énoncés (dé/citation). Outre que ce parcours nous permet de compléter notre définition du contre-texte, il met en relief l'originalité du dialogisme présent dans l'œuvre de Monique Wittig, qui voit son application étendue dans deux directions, celle des pronoms et celle de la narration : dans le cas des pronoms, il opère une réévaluation de la notion de sujet telle qu'elle s'inscrit dans la langue ; dans le cas de la narration, il l'ouvre à d'autres points de vue que ceux entendus.

---

13. « En nous consacrant à l'analyse du "principe dialogique", nous nous tenons volontairement à l'écart [...] de cette définition classique du "dialoguer" inaugurée par Platon qui ne pose pas du tout la question de l'autre », Arno Münster, *Le Principe dialogique...*, p. 14.

## L'extension du dialogisme aux pronoms

> [J]/e te requiers de te laisser voir, j/e te demande de te laisser toucher, j/e te sollicite de sortir de cette non-présence où tu t'abîmes (CL, p. 31).

Pour inscrire un point de vue subversif sur la scène littéraire, Monique Wittig, on l'a vu, transgresse non seulement les catégories littéraires, mais également celles de la philosophie occidentale et des sciences (modes de conceptualisation binaires). Sur le plan grammatical, cette transgression passe par la dialogisation du pronom indéfini « on » et des pronoms « de la personne[14] », *je/nous* et *tu/vous*, en tant qu'instances du discours.

Ces dialogisations commencent par le cantonnement, dans *L'Opoponax* et *Les Guérillères*, des pronoms de la personne au sein des citations de textes (intertextes) et de paroles (interdiscours) :

> On dit que Catherine Legrand dit à Valerie Borge, *tu ne m'aimes pas* (O, p. 267) ;

> Elsa Brauer dit quelque chose comme, *il y a eu un temps où tu n'as pas été esclave, souviens-toi* (G, p. 126) ;

> Elles citent les longs vers de, *nous sommes vraiment la lie de ce monde* (G, p. 188) ;

> On entend distinctement les mots de, *beaux visages martiaux [...]/ à celles que nous nommons/ [...]/ il leur faut parure guerrière* (G, p. 201 ; je souligne).

---

14. Cette catégorie de pronoms, proposée par Émile Benveniste, se distingue des pronoms personnels sur la base de leur position et de leur fonction dans le langage. Contrairement aux pronoms de la troisième personne qui « échappent à la condition de personne, c'est-à-dire renvoient non à eux-mêmes, mais à une situation "objective" », les pronoms de la première personne et de la deuxième personne ne valent, selon le linguiste, que dans l'instance où ils sont produits. Émile Benveniste, *Problèmes de linguistique générale*, p. 255.

## LA SUBVERSION DIALOGIQUE

De la sorte, l'auteur délimite clairement deux univers subjectifs : celui de la parole assumée par un sujet déterminé (textes et discours rapportés) et celui de la parole associée à un sujet in-déterminé, hors de la détermination (voix narrative). L'identité des instances narratives, dans *L'Opoponax* et *Les Guérillères*, demeure, en effet, incertaine jusqu'à la toute fin de ces œuvres.

*L'Opoponax* s'ouvre ainsi : « Le petit garçon qui s'appelle Robert Payen entre dans la classe le dernier en criant [...]. Ma sœur lui dit de se taire, et pourquoi *tu* arrives toujours le dernier » (*O,* p. 7 ; je souligne). L'analyse grammaticale de la deuxième phrase, où apparaît le pronom de la personne « tu », révèle que la voix narrative rapporte ce que dit « Ma sœur » à « Robert Payen » de deux façons différentes. D'abord en style indirect : « Ma sœur lui dit de se taire », puis, sans autre transition que la virgule, en style direct : « et pourquoi tu arrives toujours le dernier ». De fait, l'usage d'une instance de discours (« tu »), l'oralisation de la syntaxe et l'accord du verbe au présent de l'indicatif caractérisent le style direct.

Cependant, comme en attestent les exemples susmentionnés, Monique Wittig apporte des aménagements à ce mode de citation des paroles d'autrui. Tous les signes qui marquent l'emprise de l'instance narrative sur ces paroles, à savoir les deux-points et les guillemets ou le tiret, ainsi que la ponctuation (dans l'exemple qui précède, le point d'interrogation), bref toutes ces règles qui encadrent et isolent les paroles rapportées en style direct, ont disparu. Si cette abolition de la frontière typographique entre les mots qui citent et les mots cités oblige le lecteur à redoubler d'attention pour bien saisir qui dit quoi, elle favorise en revanche une plus grande démocratisation de l'espace textuel, ainsi qu'en témoigne le passage suivant qui rapporte un dialogue entre les enfants et la religieuse :

> On dit à ma sœur, il revient quand [du ciel ton mari], il ne revient pas, mais quand, jamais, alors il est mort, non il n'est pas mort, et où c'est qu'on met les gens qui sont morts, dans un trou, mais ils vont au ciel ? (*O,* p. 14).

De la sorte, les propos de l'instance narrative et des protagonistes se croisent, pour entrer en conflit ou se faire complices, très librement. Au début de *L'Opoponax*, immédiatement après que la voix narrative a rapporté la question de la religieuse à Robert Payen, par exemple, surgit un commentaire qu'il est difficile, de prime abord, d'attribuer à l'instance narrative ou au personnage : « Elle lui dit de se taire et pourquoi tu arrives toujours le dernier. *Ce petit garçon qui n'a que la route à traverser et qui arrive toujours le dernier* » (*O*, p. 7 ; je souligne). Cette incertitude est due au choix, par l'instance narrative, du style indirect libre pour rapporter une remarque de la religieuse : « [tu] n'a[s] que la route à traverser et [tu] arrives toujours le dernier ». Dans ce cas-ci, il est clair qu'il y a accord entre la voix narrative et celle du personnage. En outre, cette phrase illustre ce que Mikhaïl Bakhtine définit comme un

> énoncé qui, d'après ses indices grammaticaux (syntaxiques) et compositionnels, appartient au seul locuteur, mais où se confondent, en réalité, deux énoncés, deux manières de parler, deux styles, deux « langues », deux perspectives sémantiques et sociologiques[15].

La démocratisation des rapports entre le sujet de la narration et les personnages se double donc d'un éclatement de la frontière typographique entre leurs mots qui favorise l'émergence d'un espace de jeu et de dialogue.

### La dialogisation du pronom indéfini « on »

Alors que les pronoms de la personne sont cantonnés du côté des paroles rapportées ou des citations, le pronom indéfini « on », lui, occupe un espace de chevauchement entre l'histoire et son récit. D'une part, la neutralité grammaticale de cette forme pronominale[16] lui confère une universalité et

---

15. Mikhaïl Bakhtine, *Esthétique et Théorie du roman*, p. 125-126.
16. Si l'on admet qu'il n'y a qu'un seul genre grammatical, le féminin, le

donc une représentativité que ne possèdent pas les autres pronoms. D'autre part, sa grande flexibilité référentielle l'autorise à remplacer et/ou combiner tous les pronoms.

Monique Wittig utilise par ailleurs le « on » de manière inusitée, en exploitant sa souplesse référentielle au maximum. Ainsi, plutôt que d'en faire le représentant d'une seule voix ou d'un seul groupe de voix au sein de l'œuvre ou, à tout le moins, à l'intérieur de chacune des séquences narratives qui la composent, elle l'associe à des voix provenant d'horizons non nécessairement « homogènes ». En d'autres termes, ce pronom ne représente pas un seul protagoniste ou ensemble de protagonistes – Catherine Legrand et les enfants, une seule ou plusieurs guérillères... –, mais des personnages ou groupes de personnages potentiellement conflictuels et variant sans cesse. Les exemples suivants, tirés respectivement de *L'Opoponax* et des *Guérillères*, rendent clairement compte de cette mobilité du « on » :

> On est à table [*Catherine Legrand et ses parents*]. On parle de l'attaque du grand-père il ne peut plus bouger le côté droit, même l'œil est fermé, ça tire sur la bouche [*les parents de Catherine Legrand*]. Le père et la mère regardent Catherine Legrand. On ne peut pas parler [*Catherine Legrand joue à être dans le même état que son grand-père*]. Le côté droit glisse sur la chaise, l'entraîne, Catherine Legrand se penche pour le suivre, on la voit entre la chaise et le plancher [*la mère et le père*] (*O*, p. 12 ; je souligne).

> Elles disent que dans ces armées on n'apprend pas le maniement des armes d'une façon efficace [*n'importe qui*]. Elles disent que ces armées sont des institutions. On parle de leurs casernes de leurs postes de leurs garnisons. On parle de leur train de leur génie de leur artillerie de leur infanterie de leur état-major [*les guérillères ou les stratèges militaires ?*] [...]. Elles disent que ces armées ne sont

---

genre masculin étant assimilé au neutre, on admettra aussi que le « on » est neutre contrairement aux pronoms personnels « je »/« nous » et « tu »/« vous ». De fait, ces derniers prennent indirectement la marque du féminin, lorsqu'ils représentent un « sujet » féminin, en appelant une féminisation des participes passés et des adjectifs, ce qui n'est pas nécessairement le cas du « on ».

pas redoutables [...], la participation n'y étant pas volontaire (*G,* p. 134-135.)

En somme, le pronom « on » représente non seulement tous les types de sujets dans ces deux œuvres de Monique Wittig – y compris le lecteur, qui ne peut manquer de se sentir interpellé par cette forme pronominale appartenant surtout au langage parlé –, mais il représente également des catégories d'individus traditionnellement traitées séparément, comme les enfants/parents, les elles/ils, mais aussi l'instance narrative et les autres protagonistes. De fait, le « on » traverse les niveaux d'énonciation ainsi que l'illustre le passage suivant de *L'Opoponax* qui cite un vers de « L'invitation au voyage » de Baudelaire : « Valerie Borge dit à Catherine Legrand que le train ne s'arrêtera pas [...]. On rit [...]. On dit, des meubles luisants polis par les ans décoreraient notre chambre les plus rares fleurs mêlant leurs odeurs » (*O,* p. 269-270). En effet, le pronom « on » concerne tout autant les personnages de Catherine Legrand et Valerie Borge (enfants) que la narratrice Catherine Legrand (adulte), son interlocutrice Valerie Borge (l'aimée disparue), Baudelaire et, bien sûr, l'insaisissable sujet de l'énonciation[17]. Cette *mobilité* – que j'appellerai « dialogisation » – du pronom indéfini se révèle un procédé extrêmement efficace pour contrer la réduction de toute instance discursive à une identité préétablie et fixe, à une catégorie quelle qu'elle soit.

En outre, en empêchant l'habituelle identification des lecteurs avec un seul des sujets en présence, la dialogisation du pronom « on » les invite à découvrir la perspective du sujet de l'énonciation. Dans ce but, ils doivent tirer avantage de leur position de « *tiers exclus* » pour tenter de comprendre la place qu'occupent les personnages et les relations qu'ils développent entre eux. C'est ainsi que le lecteur devient ce que Ross Chambers appelle un « *tertius gaudens* », qui apprécie ou profite du texte :

---

17. « Le *sujet de l'énonciation,* ou "sujet textuel" [...] est toujours déjà là et ne peut être produit qu'en tant qu'objet d'interprétation », Ross Chambers, *op. cit.,* p. 26.

La solution de rechange [à une lecture avec le narrataire] consiste à lire le texte, si on le souhaite, « avec » le *sujet de l'énonciation*[18] (qui ne peut être connu) ; autrement dit, à en faire une lecture « textuelle » où le rôle de médiation du lecteur est réalisé de façon maximale comme celui d'un *tertius gaudens* (impliqué). En termes narratifs, une telle lecture [...] nécessite l'identification tant avec le narrateur qu'avec le narrataire, ainsi que la conscience [...] de la relation qui existe entre eux[19].

## La dialogisation des pronoms

Après avoir bien implanté le nouvel usage du « on » et absorbé un nombre considérable de citations comportant un pronom personnel dans *L'Opoponax* et *Les Guérillères,* Monique Wittig dialogise les pronoms de la personne (plus codifiés que le « on ») avec ses deux œuvres suivantes. Dans son troisième livre, *Le Corps lesbien,* la narration se fait à la première personne du singulier. Mais ce n'est plus vraiment la « personne » que l'on connaît, comme le signale la barre oblique qui scinde sa graphie (« j/e ») et ce passage du texte :

> [J]/e te dis sois bénie [...] toi qui la première es venue m/e relever de m/a faction situation éclatante s'il en fut mais morose toutefois à cause de m/a très grande solitude (*CL*, p. 165).

Du fait de son confinement dans les deux premiers romans et au contact du « on », la première personne du singulier a perdu la suffisance que lui avait léguée la philosophie idéaliste et qu'illustre parfaitement le *cogito* cartésien « Je pense, donc je suis ». De fait, le « je » égologique, auto-réflexif et auto-référentiel se sert d'un « tu » arbitraire pour mettre en œuvre, comme le rappelle Arno Münster, une réflexion dialectique, c'est-à-dire monologique :

> L'idéalisme se heurte [...] à l'objection du solipsisme. On lui reproche d'être obligé d'admettre la thèse absurde selon laquelle celui qui énonce le cogito ne peut faire autrement que de conclure :

---

18. En français dans le texte.
19. *Ibid.*, p. 33.

« Mon existence est certaine, ton existence l'est beaucoup moins », et plus radicalement, « Je suis, donc tu n'es pas »[20].

Le « je » scindé de Monique Wittig reconnaît le « tu ». Celui-là précisément qui permet au « moi » de se retrouver *en* soi (« Seul le Tu, seule la découverte du Tu, écrit le philosophe Hermann Cohen, m'amène à prendre conscience de moi-même[21] »), mais aussi *hors* de soi : « être = être connu[22] ». Dès lors, le « j/e » peut choisir d'entrer en relation avec le « tu » qui vient à sa rencontre, suivant le « concept (judaïque) de l'élection » avancée par Martin Buber :

> Le « Tu » vient à ma rencontre. Mais c'est moi qui entre en relation immédiate avec lui. Aussi il y a dans cette rencontre celui qui élit et celui qui est élu, c'est une rencontre à la fois active et passive[23].

En fait, ce « tu » qui n'est pas l'Autre de l'Ego, ce « tu » avec lequel le « j/e » choisit d'entrer en relation, s'avère, chez Monique Wittig, l'un des sujets les plus méconnus de la culture occidentale, et l'un des plus potentiellement dangereux pour le « moi » idéaliste. Représentant le sujet lesbien[24], d'une part, il résiste à la clôture des monstrations, à la censure et aux châtiments, dont la mort, qui caractérisent son traitement littéraire au fil des siècles après Sappho ; d'autre part, il récupère, dissout, parodie ces représentations mythiques dans *Le Corps lesbien*, en se transformant non seulement en animaux, en plantes et en éléments, mais également en

---

20. Arno Münster (*op. cit.*, p. 153) résume ici un argument avancé par Vincent Descombes dans *Le Même et l'Autre*.
21. Hermann Cohen, cité par A. Münster, *ibid.*, p. 38. Martin Buber distingue le Je dans sa rencontre avec le monde des choses (JE-CELA) et le Je dans sa rencontre avec l'autre (JE-TU). Pour ce philosophe, précise A. Münster, seul le deuxième cas met en cause l'être entier, *ibid.*, p. 27-42.
22. Vincent Descombes, *Le Même et l'Autre*, p. 33.
23. Arno Münster résume l'essai *Je et Tu* de Martin Buber (Paris, Aubier-Montaigne, 1938), *op. cit.*, p. 30.
24. « Les lesbiennes sentent le soufre et rares sont les historiens qui ont le courage de ne pas les exclure de l'histoire », Marie-Jo Bonnet, *Les Relations amoureuses entre les femmes*, p. 15.

héros et en dieux, Christ compris, comme nous l'avons vu au chapitre précédent.

La re-connaissance de (ce) « tu » – au-delà de ses multiples métamorphoses – passe par une série d'explorations psychiques et physiologiques plus ou moins fantastiques, qui mettent toutes à nu son humanité :

> J/e découvre que ta peau peut être enlevée [...], j/e tire, la peau découvre les muscles ronds et les trapèzes du dos, elle se relève jusqu'à la nuque, j//arrive sous tes cheveux [...], j/e touche ton crâne [...], j/e te tiens tout entière à présent [...] tes dernières pensées derrière tes yeux arrêtées dans m/es mains (*CL*, p. 9).

Mais si le « j/e » réalise l'universalisation et la matérialisation littéraire du « tu », ce dernier libère le « moi » de sa dimension idéale en opérant également son incarnation textuelle :

> Tu mets autour de ton cou m/on duodénum rose pâle assez veiné de bleu. Tu déroules m/on intestin grêle jaune. Ce faisant tu parles de l'odeur de m/es organes mouillés, tu parles de leur consistance, tu parles de leurs mouvements, tu parles de leur température (*CL*, p. 33).

Sans aucun sentimentalisme, sans même masquer la violence qu'implique toute interaction un tant soit peu profonde, Monique Wittig illustre « la (possible) unité du Je avec Autrui en tant que Tu qui, dans l'hypothèse d'un rapport réel approfondi, intègre le Tu dans le Soi[25] », mais aussi le Soi dans le Tu.

> J/e suis habitée [...] par toi [...] j/e dois à présent lutter contre l'éclatement pour continuer m/a perception globale, j/e te rassemble dans tous m/es organes, j/e m//éclate, je m/e rassemble (*CL*, p. 109).

En ce sens, les multiples absorptions littérales de « tu » par « j/e » et vice versa, ainsi que leurs métamorphoses, ne cessent de métaphoriser l'assimilation discursive de chaque pro-

---

25. Arno Münster (*op. cit.*, p. 34) à propos de l'analyse du rapport Je-Tu par Martin Buber. Buber, ajoute-t-il, s'oppose clairement à Sartre qui valorise « la négativité dans l'expérience de l'autre ».

tagoniste par l'autre et les transformations qui découlent inévitablement de telles interactions :

> M/a très délectable j/e m/e mets à te manger [...] j/e te regarde au-dedans de toi, [...] j/e m/e rétrécis, j/e deviens toute petite, j/e suis une mouche maintenant, j//enraye le fonctionnement de ta langue, tu essaies vainement de m/e cracher, tu t'étouffes, j/e te suis prisonnière, j/e suis collée à ton palais rose et gluant, j/e pose m/es ventouses contre ta douce luette (*CL*, p. 17).

Plutôt que d'illustrer l'emprise d'une amante sur l'autre, ces interactions marquent une victoire ludique sur les monstrations du corps lesbien. Pensons à celle qu'opère Jean-Paul Sartre lorsqu'il transforme les lesbiennes en Érinyes anthropophages dans sa pièce *Les Mouches* : « Tu connaîtras bientôt nos morsures, nous te ferons hurler sous nos caresses. J'entrerai en toi [...] et tu sentiras le poids de mon amour. Tu es belle, Électre, plus belle que moi[26]. » En fait, les diverses métamorphoses des amantes du *Corps lesbien* font éclater la notion du sujet homogène et saisissable pour revenir à cette définition du « moi » que donne Beaumarchais : « Un assemblage de parties inconnues[27]. »

Monique Wittig, on le constate, détourne la fonction discursive de chacun des pronoms personnels de manière qu'il ne soit plus possible de les penser seuls, de penser le « je suis » sans le « tu es ». L'heure n'est donc plus aux credos suicidaires de Gérard de Nerval, « Je suis l'autre[28] », et d'Arthur Rimbaud, « Je est un autre[29] », ni même aux *cogito* renouvelés tel le « Je parle et tu m'entends, donc nous sommes[30] », de Francis Ponge. Loin de sacrifier le moi pour le toi ou de faire du toi un Autre *pour* le moi, Monique Wittig insiste sur la place qu'occupe le vis-à-vis dans la constitution de l'être : « j/e te suis tu m//es » (*CL*, p. 135), quitte à bouleverser les structures

---

26. Jean-Paul Sartre, *Les Mouches*, p. 224.
27. Beaumarchais, *Le Mariage de Figaro*, acte V, scène 3.
28. Phrase que le poète écrivit sur le portrait de lui qu'avait gravé Gervais.
29. Lettre d'Arthur Rimbaud à Paul Demeny (15 mai 1871), dans *Poésies*, p. 221.
30. Francis Ponge cité par Julia Kristeva dans *Sèméiôtikè*, p. 95.

de la langue et de l'entendement. Moins « indéfinie » qu'habitée, la subjectivité qu'introduit cet auteur sur la scène littéraire se distancie donc des « vieilles antinomies du "moi" et de l'"autre", de l'individu et de la société[31] », pour se situer, en tant que conscience ouverte et mouvante, à la frontière de ces concepts.

Cette nouvelle subjectivité lui permet de mettre en scène des personnages d'enfants, de rebelles, de lesbiennes dont les discours ne correspondent pas à ceux des modèles d'enfants, de rebelles, de lesbiennes... que la littérature dans son ensemble nous propose. D'une part, ils ont rompu avec les institutions sociales telles que la famille, la vie de couple, la maternité et les rôles sociosexués qui continuent bien souvent à définir le statut des protagonistes hors normes. Et, d'autre part, ils interrogent la notion même d'identité à la base de la culture occidentale – qu'est-ce qu'être un enfant, un être humain ? – par l'entremise d'expériences fondamentales telles que le désir et la révolte.

Cela ne veut pas dire, toutefois, que les personnages habituels des romans soient totalement absents de l'œuvre de Monique Wittig, au contraire. Mais leurs voix ont été décentrées, relativisées. Comment ? C'est ce que l'examen des structures narratives auxquelles a recours l'auteur nous permettra de repérer. Par structure narrative, j'entends ce que Mikhaïl Bakhtine nomme le « langage du prosateur », c'est-à-dire la disposition, à « différentes distances du noyau sémantique ultime de [...] l'œuvre[32] », des divers discours qui la peuplent ; autrement dit leur orchestration. Nous allons d'abord voir comment Monique Wittig utilise la voix narrative pour articuler le point de vue de sujets individuels et collectifs encore en formation ; puis comment elle confronte cette voix à celle d'autres personnages.

---

31. Émile Benveniste, *op. cit.*, p. 260. Le théoricien ajoute : « C'est dans une réalité dialectique englobant les deux termes et les définissant par une relation mutuelle qu'on découvre le fondement linguistique de la subjectivité ».
32. Mikhaïl Bakhtine, *Esthétique et Théorie du roman.*, p. 119.

## L'extension du dialogisme au point de vue narratif

Dans *L'Opoponax* et *Les Guérillères*, l'instance narrative anonyme adopte d'emblée la perspective d'un ou de plusieurs protagonistes. Dans le cas de *L'Opoponax*, cette instance, que l'on découvrira être Catherine Legrand (adulte) à la toute fin du roman, endosse le point de vue du personnage de Catherine Legrand (enfant) comme l'illustre le passage qui suit immédiatement l'incipit du roman :

> La première fois que Catherine Legrand est venue à l'école, elle a vu de la route la cour de récréation l'herbe et les lilas au bord du grillage, c'est du fil de fer lisse qui dessine des losanges, quand il pleut les gouttes d'eau glissent et s'accrochent dans les coins, c'est plus haut qu'elle.[...] Il y a beaucoup d'enfants qui jouent dans la cour de l'école mais pas du tout de grandes personnes seulement la mère de Catherine Legrand et il vaudrait mieux qu'elle ne rentre pas dans l'école c'est seulement les enfants, il faut lui dire, est-ce qu'il faut lui dire, et dedans l'école [...], ma sœur est sur une échelle (*O*, p. 7-8).

En fait, l'instance narrative ne se contente pas d'adopter la perspective de ce personnage, puisque l'on détecte également, dans le style de la narration, une manière de dire propre à l'enfant. Celle-ci est reconnaissable à l'emploi d'un vocabulaire simple et d'un langage caractérisé par la répétition (« c'est », « il faut lui dire »), ainsi qu'à l'emploi d'adresses plutôt que de pronoms personnels (« Catherine Legrand », « ma sœur »).

Dans le cas des *Guérillères*, le sujet de la perception, ou sujet focalisateur[33], dont l'instance narrative endosse le point de vue est moins facile à saisir parce qu'il varie constamment, comme en atteste le début du roman :

> Quand il pleut, elles se tiennent dans le kiosque. On entend l'eau frapper les tuiles et ruisseler sur les pentes du toit. Des franges de

---

33. J'adopte le terme de Mieke Bal qui distingue, contrairement à Gérard Genette, le sujet (focalisateur) et l'objet (focalisé) de la perception. Voir *Narratalogie...*, p. 32-33.

pluie entourent le pavillon du jardin, l'eau qui descend aux angles a un débit plus fort, il y a comme des sources qui creusent les cailloux à l'endroit où elles touchent le sol. À la longue quelqu'une dit que c'est comme un bruit de miction, qu'elle ne peut pas y tenir, en se mettant accroupie. Certaines alors font cercle autour d'elle pour regarder les nymphes chasser l'urine (*G*, p. 9).

Ainsi, le sujet de la focalisation apparaît, à certains moments, en retrait du groupe des protagonistes (« Quand il pleut, elles se [...] ») et, à d'autres, parfaitement intégré à ce dernier (« On entend l'eau frapper les tuiles[...] »). En réalité, de même qu'il y a rotation de la prise de parole par les protagonistes (« quelqu'une dit », « l'une ou l'autre demande grâce » (p. 9), « elles disent » (p. 1), « Dominique Aron dit » (p. 14), etc.), de même, il y a circulation des points de vue adoptés par l'instance narrative. En ce sens, c'est la perspective de l'ensemble des guérillères (de toutes et de chacune) que représente la voix narrative.

En outre, le vocabulaire scientifique (« angle », « débit », « miction », « nymphes »), présent dès l'incipit de ce roman, reconduit, sur le plan thématique, la règle formelle de *L'Opoponax* d'utiliser « un matériau descriptif pur[34] ». De la sorte, Monique Wittig passe du « regard neuf, grave, passionné, égal, [...] que n'a encore déformé ou plutôt perverti la connaissance d'une échelle de "valeurs"[35] », au regard qui se veut distancié par rapport à l'« échelle de valeurs » ambiante. Autrement dit, en passant de l'âge de la formation à celui de l'information, elle fait succéder au dispositif narratif descriptif un dispositif narratif critique. Par ailleurs, ces deux romans se terminent lorsque la voix des protagonistes a rejoint celle de la narration. Le récit de l'émergence d'une perspective propre devient alors possible.

À cet égard, on remarquera qu'après la représentation ironique d'un sexe masculin qui ouvre *L'Opoponax* (« qui c'est qui veut voir ma quéquette »), on assiste à celle, tout aussi provocatrice, d'un sexe féminin, au début des *Guérillères* : « Certaines alors font cercle [...] pour regarder les nymphes

---

34. Marguerite Duras, *op. cit.*, p. 18.
35. Claude Simon, *op. cit.*, p. 70.

chasser l'urine ». L'évocation démystifiante et excentrée, dans ces œuvres, de ces super symboles (le phallus et la vulve) poursuit le démantèlement, observé sur le plan intertextuel, des catégories de sexe, et par là des grands systèmes idéologiques – le patriarcat ou le régime hétérosocial –, qui non seulement ont essentialisé ces catégories, mais les ont rendues pratiquement incontournables[36].

Les deux dispositifs narratifs (descriptif et critique) que nous venons de repérer dans *L'Opoponax* et *Les Guérillères*, correspondent au vrai à une étape importante du processus de constitution d'une subjectivité. Il s'agit d'abord de l'assimilation des discours dominants en tant que paroles autoritaires, et, ensuite, de celle des discours dissidents comme paroles persuasives. Mikhaïl Bakhtine distingue ainsi ces deux types de discours :

> La parole autoritaire (religieuse, politique, morale, parole du père, des adultes, des professeurs) n'est pas intérieurement persuasive pour la conscience ; tandis que la parole intérieurement persuasive est privée d'autorité, souvent méconnue socialement (par l'opinion publique, la science officielle, la critique) et même privée de légalité[37].

Alors que la parole autoritaire modèle des ersatz de sujets ayant pour rôle d'endosser et de préserver sa propre vision du monde, la parole persuasive, en ne présumant pas de l'opinion des êtres qu'elle interpelle, situe d'emblée ces derniers en « sujets » au sens moderne du terme où « être ne consiste plus simplement à s'affirmer, comme le rappelle Gilbert Larochelle, mais à se déréaliser préalablement pour faire émerger, par-delà les choses, une dignité qui ne soit plus une simple réitération des credo, des assertions médiévales[38] ».

---

36. Raymond Williams, *Marxism and Literature*, p. 109-110.
37. Mikhaïl Bakhtine, *Esthétique et Théorie du roman*, p. 161.
38. Gilbert Larochelle, *Philosophie de l'idéologie*, p. 74. Plus haut, l'auteur précise : « La modernité met en place un sujet qui se reconnaît comme sujet » (p 58).

## L'orchestration ré/citationnelle des voix

Dans *L'Opoponax* et *Les Guérillères,* Monique Wittig transgresse le discours autoritaire ou dominant, défini par Richard Terdiman comme « le discours du cliché, le langage des idées reçues, le discours dont la domination tient à son apparente ubiquité et inévitabilité », en recourant au procédé que ce théoricien appelle « ré/citation ». Celui-ci consiste à restituer des fragments du discours dominant dans un contexte parodique afin d'en faire ressortir l'artificialité, les incohérences et les limites : « La ré/citation présente un fragment de discours comme étranger, et ainsi risible pour le sujet qui tente de confirmer sa propre identité dans la réflexion que constitue cette altérité[39]. » De la sorte, Monique Wittig peut cerner et neutraliser le discours dominant, montrer, en d'autres termes, sa relativité : « La tactique de la ré/citation tente donc d'introduire une *différence* à l'intérieur de ce retour du même, incessant et furieux », et, par conséquent, de contrer la « désubjectivation[40] » des individus qu'opère ce discours. Voyons, en premier lieu, la forme que prend ce procédé subversif dans le premier roman de Monique Wittig, c'est-à-dire à l'étape de l'assimilation généralisée des « discours » en tant que « complexes de signes et de pratiques qui organisent l'existence sociale et sa reproduction[41] ».

### 1. L'assimilation généralisée du discours dominant

Dans *L'Opoponax*, le personnage central, Catherine Legrand, dont on suit le parcours depuis le premier jour d'école jusqu'à la fin de l'enfance, apprend à joindre sa voix à celle des autres. Il l'associe d'abord à celle des enfants, par l'entremise de chansons appartenant au répertoire enfantin folklorique ou scout – « On chante tout le temps des chansons en rang, à ma main droite il y a un rosier qui fleurira au mois de mai et on montre la main droite » (*O*, p. 8), « On se met à cheval sur le banc et on chante, maman les petits bateaux qui

---

39. Richard Terdiman, *op. cit.*, p. 220.
40. *Loc. cit.*
41. *Ibid.*, p. 54.

vont sur l'eau, en se penchant l'un vers l'autre pour faire le bateau » (*O,* p. 11), « On chante, un kilomètre à pied ça use ça use [...] les souliers, gauche gauche. Quand on dit gauche on doit être sur le pied gauche » (*O,* p. 41). De la sorte, le personnage assimile la langue et les codes de sa communauté culturelle.

Catherine Legrand joint ensuite sa voix à celle, investie d'une autorité institutionnelle, des enseignantes religieuses et laïques, plus ou moins traditionalistes – « On répète après ma sœur, soixante-huit, soixante-neuf. [...] Septante et un, septante-deux. Ma sœur est belge » (*O,* p. 10), « Liliane lave le linge. On répète après ma sœur. Liliane lave le linge » (*O,* p. 16), « Elle [Mademoiselle] dit qu'il faut chanter pour s'aider à marcher. On chante, ne pleure pas Jeannette on te mariera, on te mariera » (*O,* p. 71). Son personnage acquiert alors le savoir et les valeurs de la société dans laquelle il vit.

Enfin, le protagoniste lie sa voix à celle des membres de sa paroisse à l'église, c'est-à-dire les représentants de l'ordre moral ou religieux de sa communauté : « On apprend à faire sa prière et même on va à la messe le dimanche » (*O,* p. 18), « On dit avec Mademoiselle, amen » (*O,* p. 83), « on dit avec Mademoiselle, Deo gratias. [...] Et on fait le dernier signe de la croix » (*O,* p. 86). Il intègre ainsi les lois et les significations qu'accorde sa culture à l'existence humaine, à son sens et à sa place dans l'univers.

La récitation de ces paroles plus ou moins autoritaires, parce que plus ou moins « organiquement liée[s] au passé hiérarchique, [à] la parole des pères[42] » et dont le représentant ultime est Dieu, ne réussit pas, toutefois, à étouffer l'individualité rebelle de ce personnage. Évidemment, Catherine Legrand apprend à dire *comme* les autres et, par le fait même, à faire *comme* eux, puisque le dire est souvent accompagné d'un faire ou s'avère lui-même un acte illocutoire performatif. Mais son apprentissage ne se fait pas au détriment de ses propres intérêts, de sa propre personnalité, ce qui lui confère une dimension parodique. Elle se mettra, par exemple, à chanter lorsqu'il ne faut pas, quitte à recevoir « une

---

42. Mikhaïl Bakhtine, *Esthétique et Théorie du roman,* p. 161.

gifle de chaque côté de la figure » (*O*, p. 11), ou à chanter du « bout des lèvres » (*O*, p. 71) quand il faudrait faire le contraire. Elle n'apprendra pas systématiquement ses leçons et elle priera Dieu à sa manière :

> Catherine Legrand voit que la messe est bientôt finie et qu'elle n'a pas encore fait sa prière. Elle se met la tête dans les mains. [...] On voit passer tous les cercles orange, bleus et les filaments jaunes qu'il y a entre les yeux et les paupières. On Lui demande pardon pour s'être amusé pendant toute durée de la messe. On L'aime un bon coup de toutes ses forces. On regarde l'autel entre les doigts écartés (*O*, p. 85-86).

En montrant ainsi que le discours dominant est une sorte de protocole, ou de code, Monique Wittig subvertit son apparente coïncidence avec le monde, son caractère incontournable.

Néanmoins, la force d'attraction de certains *on-dit*, leur fascinante étrangeté, exerceront une certaine emprise sur le personnage. La conviction de « ma sœur » que son « mari » n'est pas mort même s'il ne rentre jamais « à midi avec le journal » (*O*, p. 14) et vit « au ciel » comme les « morts », la peur que suscite chez ses pairs plus âgés l'existence d'un « diable [qui] veut emporter les enfants » (*O*, p. 16) et, chez son institutrice, la présence d'un « fantôme dans la forêt » (*O*, p. 90), la gagnent elle aussi, même si ses yeux ne voient ni Dieu ni diable ni fantôme.

Toutefois, sa propre propagation de ces dires se heurte rapidement à l'opposition de sa mère. Le doute émerge alors sous forme d'un constat d'ignorance :

> La mère dit, qu'est-ce que c'est que cette histoire de fantôme, elle fronce les sourcils comme quand Catherine Legrand dit un mensonge, mais non tu as mal compris ce qu'on t'a dit, c'est impossible qu'on t'ait dit le contraire, réfléchis un peu, tu vois bien que ça n'existe pas les fantômes. [...] Mais Mademoiselle a hoché la tête et elle a fait aller ses yeux en haut en bas, sur les côtés pour dire que oui c'est vrai il y a des fantômes dans les forêts. Ce qui fait que finalement on ignore complètement ce qu'il en est des fantômes dans les forêts (*O*, p. 92).

En fait, le problème du dire vrai se pose en termes socratiques : tant que Catherine Legrand ne sait pas comment réfléchir, elle ne pourra pas savoir ce qu'il en est. Or, réfléchir, c'est exister, dirait Descartes. L'attitude de Mme Legrand montre à sa fille qu'il est possible d'être en désaccord avec ce qui se dit. Mais ce n'est qu'à la toute fin du roman que Catherine Legrand sera en mesure d'affronter la question des croyances :

> On réfléchit. On ne sait pas. On dit qu'on a beau offrir son âme au diable le diable n'en veut pas quoi qu'on ait entendu raconter à ce sujet. On dit qu'il ne vient pas à minuit quand on l'invoque. On dit qu'il n'arrive pas avec l'odeur infernale (*O*, p. 263).

Entre-temps, Catherine Legrand prendra conscience de son existence, découvrira son « être au monde », comme en atteste ce passage où son incapacité à faire rire ses camarades provoque une première « réflexion » :

> On peut dire que ça n'a pas plu que c'est pour ça qu'il y a quelque chose qui se met à tourner à toute vitesse dans cette espèce de chose qui a l'air d'être Catherine Legrand [...], c'est tout lourd au-dedans d'elle, c'est immobile à la hauteur des yeux, ça regarde dehors à travers les orbites, c'est pris, ça ne pourra jamais être autre chose que Catherine Legrand (*O*, p. 95).

Progressivement, le protagoniste se mettra à citer les mots de poètes, c'est-à-dire d'écrivains témoignant spécifiquement de leur présence au monde. Ce seront des extraits du livre de lecture, des phrases minutieusement choisies pour leur pouvoir évocateur :

> Catherine Legrand [...] lit plusieurs fois [un poème de Charles d'Orléans] ce qui lui permet d'isoler deux vers [...] qu'elle recopie sur son cahier *tout a part moy en mon penser m'enclos et fait chasteaulz en Espaigne et en France*. Ainsi Catherine Legrand pourra s'y reporter quand elle voudra et même les dire tout haut quand elle sera seule (*O*, p. 176 ; je souligne).

La ré/citation de ces vers canonisés par l'institution permet à l'instance narrative de laisser ironiquement entendre plus qu'il n'est dit : la profonde solitude de Catherine Legrand dans son propre pays (contrairement à Charles d'Orléans), l'insipidité des personnages féminins – « sur l'onde calme et noire où dorment les étoiles la blanche Ophélia flotte comme un grand lys » (*O*, p. 197) –, son amour naissant pour une camarade de classe – « Douce figure [...] je saurai par vous supporter des injures car vous êtes le terme de toutes les folies », (*O*, p. 214) – ou sa progressive conscience de la finalité de la vie – « la nature t'attend dans un silence austère l'herbe élève à tes pieds son nuage des soirs » (*O*, p. 234) –, sujets non seulement rarement associés aux préoccupations d'une enfant dans les romans, mais aussi bannis de l'espace discursif qui l'entoure.

Le détournement de ce type de paroles autoritaires marque une étape importante dans la construction de la subjectivité du personnage, comme le signale le progressif resserrement de la représentativité du pronom « on » dans la seconde partie du « roman ». En effet, à part l'instance narrative et le lecteur, ce pronom désigne tantôt Catherine Legrand seule, tantôt Catherine Legrand et les personnages qui gravitent dans son entourage immédiat, à savoir ses amis les plus proches. Toutefois, ce n'est qu'avec l'appropriation d'un « je » poétique par le « on », dans la dernière citation du texte – « On dit, tant je l'aimais qu'en elle encore je vis » (*O*, p. 281) –, que l'instance narrative et Catherine Legrand coïncident véritablement. À la manière du personnage de « Marcel » à la fin d'*À la recherche du temps perdu*, celle-ci apparaît donc comme le futur écrivain qui s'apprête à rédiger l'histoire que nous venons de lire. Le choix de cette instance narrative d'utiliser non pas la première personne, à l'instar du Marcel de Proust, mais le pronom indéfini, lui permet de raconter son histoire « comme si elle était arrivée à *quelqu'un d'autre*[43] » ; d'inscrire formellement, en d'autres termes, non seulement l'écart qui sépare l'enfant de la personne adulte, mais aussi la voix personnelle de la voix conventionnelle.

En ce sens, il importe peu de savoir si Catherine Legrand est, comme l'écrit Mary McCarthy, « une hypothèse sur une

---

43. Mary McCarthy, *op. cit.*, p. 138.

Monique Wittig antérieure[44] ». L'essentiel est que le recours au pronom indéfini inscrit, dans le récit même de l'histoire, un sous-texte et, par le fait même, un deuxième niveau de lecture de l'œuvre, en l'occurrence le passage d'un soi peu conscient de lui-même et des discours qui le forment à un soi attentif aux résonances de la voix des autres dans la sienne. Cette structure textuelle représentant un soi confronté aux discours qu'il porte en lui, met en abyme le « dialogisme immanent[45] » qu'entretient tout auteur avec son lecteur in(dé)fini. Cette structure est « textuelle » au sens que donne Ross Chambers à ce terme, dans la mesure où elle offre au lecteur perspicace la possibilité de se distancier du discours dominant, de le voir comme un simple discours[46].

Cette distanciation s'opère spécifiquement à partir du rôle que joue le langage dans la formation de la subjectivité, car, comme l'écrit Émile Benveniste : « C'est dans et par le langage que l'homme se constitue comme *sujet* ; parce que le langage seul fonde en réalité, dans *sa* réalité qui est celle de l'être, le concept d'ego[47]. » En optant pour le seul pronom accessible à tous qui échappe au marquage du genre grammatical, Monique Wittig soustrait ses personnages de petites filles à la catégorie métaphysique du féminin qu'a assimilée la langue française. Le féminin, associé à ce qui est noir, mauvais, multiple, etc., dans l'*Organon* d'Aristote, est identifié par les philosophes occidentaux, comme le remarque Simone de Beauvoir, à l'« Autre » de l'« Un », c'est-à-dire du « Sujet »[48]. En dissociant ses protagonistes de cette catégorie conceptuelle, l'auteur les fait donc accéder au statut de sujets universels.

---

44. *Loc. cit.*
45. Notion proposée par Julia Kristeva qui précise : « Le sujet de la narration, par l'acte même de la narration, s'adresse à un autre [le destinataire], et c'est par rapport à cet autre que la narration se structure », *Sèméiôtikè*, p. 94-95.
46. Ross Chambers, *op. cit.*, p. 18.
47. Émile Benveniste, *op. cit.*, p. 259.
48. « Elle se détermine et se différencie par rapport à l'homme et non celui-ci par rapport à elle ; elle est l'inessentiel en face de l'essentiel. Il est le Sujet, il est l'Absolu : elle est l'Autre », Simone de Beauvoir, *op. cit.*, t. I, p. 15.

Par cette tactique discursive, Monique Wittig démantèle les structures de pouvoir qui règlent l'univers narratif et promeuvent, par l'entremise d'un discours culturel réitéré, un ordre du monde basé sur la notion de différence sexuelle, notion fort utile, écrit Benoîte Groult, « pour cantonner les femmes dans des domaines... qui n'intéressent pas les hommes[49] ». Cet ordre, ironiquement évoqué dès la première phrase du roman par la focalisation de l'instance narrative sur un petit garçon qui veut montrer sa « quéquette », se précise lorsque ce même enfant affirme que cet attribut est lié à la « grandeur » : « Robert Payen dit, regarde ma quéquette. Pourquoi tu as ça toi ? Parce que je suis grand » (*O*, p. 19). Il est d'ailleurs implicite dans les manuels scolaires, où les filles paraissent vouées au service des autres – « Liliane lave le linge » – ou absentes de la représentation – « On voit derrière Charlemagne d'autres enfants serrés les uns derrière les autres et de plus en plus petits. Il n'y a pas de petites filles sur l'image » (*O*, p. 104).

Plus généralement, l'évocation de contes tel Cendrillon, de films édifiants pour la jeunesse catholique, de chansons telles que « Ne pleure pas Jeannette on te mariera » ou « Beau gars qui danse, fais sonner tes bottes », et de récits historiques dans lesquels les personnages féminins sont typiquement des modèles de passivité et les figures masculines typiquement des modèles de courage et de détermination, montre comment ces structures de pouvoir instituent des valeurs, des symboles et un cadre référentiel fixe qui récupèrent la force désirante des enfants, leur volonté d'apprendre, de jouer, de s'accomplir ou d'aimer. Toutefois, plutôt que de se comporter en élève disciplinée et sage, en petite fille tranquille et ordonnée qui rêve de se marier, Catherine Legrand, comme quelques-unes de ses camarades, est une enfant audacieuse et combative qui ne cède pas sur ses désirs. C'est précisément dans la mesure où Monique Wittig exploite une « faille » du langage institué, à savoir le pronom indéfini, pour représenter ses protagonistes, qu'elle crée une œuvre

---

49. Benoîte Groult, *Cette mâle assurance*, p. 12.

« oppositionnelle » suivant la définition que Ross Chambers donne à ce terme :

> L'oppositionalité cherche [...] à faire dériver le désir de formes qui enchaînent vers des formes qui libèrent ; autrement dit, de modes de désir produits par et pour l'intérêt des structures du pouvoir, vers des formes qui représentent un degré de relâchement de cette répression, qui est aussi une forme d'oppression politique[50].

Notons que cette critique des structures du pouvoir réglant l'univers de la diégèse n'est pas conduite par le personnage principal lui-même, qui n'a pas encore acquis la conscience de sa *position sociale*.

2. L'assimilation sélective des discours

Dans le roman suivant, *Les Guérillères*, les protagonistes prennent conscience de leur situation sociale. Ils ont assimilé maints discours scientifique, philosophique, psychanalytique, politique et religieux sur « La Femme ». Les passages suivants illustrent leur ré/citation de ces perspectives convergentes : « On leur a donné pour équivalents la terre la mer les larmes ce qui est humide ce qui est noir ce qui ne brûle pas ce qui est négatif celles qui se rendent sans combattre » (*G*, p. 111), « de qui le destin est inscrit dans son anatomie ? » (*G*, p. 122), « esclave tu l'es vraiment si jamais il en fut » (*G*, p. 153), « vile, vile créature dont la possession équivaut au bonheur » (*G*, p. 166).

Parallèlement à ces discours misogynes, les protagonistes ont également intégré des propos dissidents par rapport au système discursif hégémonique. Il s'agit de chants populaires – « nous sommes vraiment la lie de ce monde. Le froment, le mil, l'épeautre et toutes les céréales/ c'est pour les autres que nous les semons », (*G*, p. 188) – et révolutionnaires comme *La Carmagnole* et *L'Internationale*, ainsi que de certaines analyses socialistes, marxistes et féministes (Marx, Kollontaï, Marcuse, de Beauvoir), dont cette phrase de Flora Tristan : « Les femmes et le peuple marchent la main dans la main »

---

50. Ross Chambers, *op. cit.*, p. XVII.

(*G*, p. 189). En recourant à ces paroles persuasives, les protagonistes articulent leur conscience de faire partie d'une catégorie d'êtres opprimés dans une histoire, une culture et un temps donnés ; bref, dans un ordre non immuable des choses.

Cette conscience se concrétise dans la polémique, le « dialogisme actif » dirait Mikhaïl Bakhtine, qui s'engage avec le discours officiel et fait des personnages des combattants sur le plan rhétorique. Leurs déclarations opèrent en effet la mise à distance critique des principales unités idéologiques de ce discours. Ainsi, après s'être attaqué à la *prépondérance symbolique du phallus* au profit de la vulve dans la première des trois parties qui composent le roman[51], elles minent aussi l'idée de la *prépondérance d'un sexe sur l'autre* dans la partie suivante de l'œuvre. Elles le font en transformant les énoncés doxiques qu'elles ré/citent, non pas en litotes comme dans *L'Opoponax*, mais en prétéritions, ainsi que l'illustre leur traitement de concepts de Sigmund Freud (le féminin comme « continent noir ») et de Jacques Lacan (la primauté du phallus comme signifiant universel).

> Elles ne disent pas que les vulves sont comme les soleils noirs dans la nuit éclatant (*G*, p. 81) ;
>
> Elles ne disent pas que les mouvements giratoires sont comme les vulves. Elles ne disent pas que les vulves sont des formes premières qui comme telles décrivent le monde dans tout son espace, dans tout son mouvement (*G*, p. 86) ;
>
> Elles n'utilisent pas pour parler de leurs sexes des hyperboles des métaphores [...] (*G*, p. 93).

De la sorte, elles font éclater la structure binaire hiérarchique du discours dominant et préviennent la reproduction de l'« Histoire » par le simple renversement de ses termes.

De même, elles dénoncent la *nature passive et pacifiste* qui leur est attribuée en tant qu'individus femelles en affirmant

---

51. « Elles disent qu'elles exposent leurs sexes afin que le soleil s'y réfléchisse comme dans un miroir » (*G*, p. 24). « Elles disent que Clémence Maïeul a souvent dessiné sur le sol l'O qui est le signe de la déesse, le symbole de l'anneau vulvaire » (*G*, p. 35), cf. aussi p. 41-43, 60-63, 66-67.

« autant vaut périr que vivre en servitude » (*G,* p. 132) et en se sentant « concernées par la stratégie et par la tactique » (*G,* p. 134), c'est-à-dire par la guerre. Enfin, elles sapent les *comparaisons réificatrices* dont leur corps est l'objet en usant d'humour : « Elles disent, n'est-ce pas magnifique en vérité ? Les vases sont debout, les potiches ont attrapé des jambes. Les vases sacrés sont en marche » (*G,* p. 206). Autrement dit, elles mettent au jour le caractère construit, idéologique, des sexes.

Outre la transformation des énoncés doxiques, le dialogisme dans *Les Guérillères* se manifeste également par le choix des protagonistes de se prendre eux-mêmes comme interlocuteurs – et donc de positionner stratégiquement le lecteur à leur place.

> [I]l a fait de toi celle qui n'est pas celle qui ne parle pas celle qui ne possède pas celle qui n'écrit pas, il a fait de toi une créature vile et déchue, il t'a bâillonnée abusée trompée. Usant de stratagèmes, il a fermé ton entendement, il a tissé autour de toi un long texte de défaites qu'il a baptisées nécessaires à ton bien-être, à ta nature. Il a inventé ton histoire. Mais le temps vient où tu écrases le serpent sous ton pied [...] (*G,* p. 159).

D'une part, cette adresse souligne, en vertu des pouvoirs que confère le langage à ceux qui l'utilisent, leur statut de sujets à part entière. D'autre part, elle raille la longue exclusion de la moitié de l'humanité du schéma de communication, les « femmes » étant celles non pas à qui l'on parle et qui parlent, mais de qui l'on parle. Citons, à cet égard, un passage de l'essai de Choderlos de Laclos intitulé *De l'éducation des femmes*, qu'évoquent les guérillères :

> La question est [...] de savoir si l'éducation qu'on donne aux femmes développe ou tend au moins à développer leurs facultés [...], si nos lois ne s'opposent pas à ce développement et nous-mêmes à cette direction, enfin si dans l'état actuel de la société une femme telle qu'on peut la concevoir formée par une bonne éducation ne serait pas très malheureuse en se tenant à sa place et très dangereuse si elle tentait d'en sortir[52].

---

52. Choderlos de Laclos, *op. cit.,* p. 404.

Par ailleurs – et nous en arrivons au dispositif narratif en tant que tel du roman –, cette adresse met en lumière le système de diffusion de leurs paroles que les protagonistes ont choisi de se donner. Ce système fonctionne par rotation afin que tous les personnages puissent accéder à la posture de locuteur : « Dominique Aron dit » (p. 14), « Marthe Vivonne et Valérie Céru font un rapport » (p. 26), « Anémone Flavien leur raconte » (p. 43), « Quelqu'une [...] explique » (p. 52), « Philomèle Sarte chante » (p. 75), « L'une d'elles raconte » (p. 98), « On a invoqué » (p. 106), « Charlotte Bernard dit » (p. 129), « Une autre parle » (p. 161), etc. Peu importe sa fonction, « porteuse de nouvelles », « porteuse de fables », « ingénieur », « chasseuse », archéologue, etc., chaque « guérillère » a la possibilité de faire connaître aux autres ce qu'elle sait ou ce qu'elle découvre.

De la même manière, chacune d'elles participe à la rédaction d'un « grand registre » : « Le grand registre est posé sur la table ouvert. À tout moment, l'une d'entre elles s'en approche et y écrit quelque chose » (*G*, p. 74). En fait, ce « grand registre » qui n'adopte aucun « ordre de succession », qui peut être ouvert « au hasard » et rassemble diverses « écritures » (genres de textes), met en abyme le roman même. L'*histoire* que nous sommes en train de lire nous est racontée par ses divers protagonistes sans qu'aucune voix ne prime sur les autres, ce qui n'est guère fréquent dans la littérature française. Cette *histoire*, qui est en fait une épopée au second degré comme on l'a déjà montré, opère explicitement la réévaluation de la grande Histoire, des concepts, mythes, fables, classifications, mots qui produisent la réalité :

> Elles disent qu'il n'y a pas de réalité avant que les mots les règles les règlements lui aient donné forme. Elles disent qu'en ce qui les concerne tout est à faire à partir d'éléments embryonnaires. Elles disent qu'en premier lieu le vocabulaire de toutes les langues est à examiner, à modifier, à bouleverser de fond en comble, que chaque mot doit être passé au crible (*G*, p. 192).

De nouveaux termes apparaissent pour nommer ce qui ne l'avait pas encore été, comme celui de « féminaires », construit sur le modèle du mot « bestiaire », pour désigner l'ensemble des « vieux » livres qui faisaient la promotion d'une identité mythique appelée « Femme » ; ou encore, le mot « cyprine » pour qualifier l'indice du désir sexuel chez l'individu femelle, à savoir la « sécrétion vaginale[53] ». Quant au néologisme « guérillères », construit à partir du mot guérilla (cette guerre des nerfs que mènent ceux qui n'ont pas ou très peu d'armes), il désigne l'ensemble des êtres ayant décidé non seulement de combattre l'ancien ordre des choses, mais d'en créer un nouveau. S'il n'apparaît que dans le titre de l'ouvrage, c'est qu'il découle de la révolution linguistique (remplacement parodique du pronom « ils » par le pronom « elles ») et conceptuelle (déconstruction d'une essence féminine) qu'opère ce dernier.

Dans *Les Guérillères*, Monique Wittig abolit la frontière qui sépare traditionnellement narrateur et narrataire, écrivain et lecteur, en optant pour une structure polyphonique où chaque voix, quelle qu'elle soit, peut s'exprimer à son tour. En outre, elle dialogise la forme épique dans la mesure où le style direct d'Homère : « Il dit [...] » est remplacé par le style indirect : « Elles disent que [...] », qui fait émerger la voix narrative comme une instance discursive parmi les autres. « Elles écrivent qu'elles disent qu'elles lisent... », s'empresserait certainement d'ajouter Italo Calvino !

Par ailleurs, le remplacement du pronom « il/s » par le pronom « elle/s » transgresse un code d'utilisation du langage. Il s'agit de l'universalisation, sous couvert de la neutralité, d'une forme pronominale au détriment d'une autre. On sait, comme l'a bien démontré Richard Terdiman, que le pouvoir d'un discours dominant « est inscrit dans les codes grâce auxquels il régule la compréhension du monde social[54] » ; on sait également que le discours dissident, comme le souligne encore ce théoricien, « cherche à détecter et à cerner de tels protocoles naturalisés ainsi qu'à planifier leur subversion[55] ».

---

53. « Cyprine : sécrétion vaginale, signe physique du désir sexuel. "Une agitation trouble l'écoulement de la cyprine" (Wittig) », *Petit Robert*, 1994. Le terme sera immédiatement repris par plusieurs auteurs.
54. Richard Terdiman, *op. cit.*, p. 149.
55. *Loc. cit.*

L'utilisation systématique, dans un texte épique, du pronom « elles » pour désigner tous les personnages, lecteur compris, fait apparaître la fausse neutralité du pronom « ils », et celle, tout aussi fausse, du discours dominant qui régit son utilisation. Richard Terdiman n'est pas loin de voir cette articulation entre la langue et le discours dominant lorsqu'il remarque :

> Le discours dominant paraît semblable, au sein de la formation sociale, au cas de la forme non marquée en linguistique – perceptible seulement en situation de violation, efficace précisément parce qu'il ne nécessite aucune assertion particulière pour atteindre un tel rendement[56].

En ce sens, l'utilisation d'un « elles » universel désamorce l'emprise du discours dominant sur le langage en tant que lieu d'élaboration de la réalité.

Reste à voir quelle est la véritable portée oppositionnelle d'une telle stratégie. Car le danger de remplacer le « ils » par le « elles » serait de n'obtenir qu'un simple renversement de perspective qui reproduirait simplement les structures du système qu'il dénonce. Nous serions alors en présence de ce que Ross Chambers appelle une stratégie de « résistance » :

> J'établirai une distinction [...] entre l'« opposition », qui fonctionne à l'intérieur de la structure du pouvoir [pour la changer] et la « résistance », qui défie la légitimité d'un système de pouvoir donné et, le percevant non pas comme un « pouvoir » mais comme une *force*, cherche à le renverser par une contreforce [...] dans les mêmes termes que ceux établis par l'exercice du pouvoir [...] sans changer sa structure même[57].

S'il est vrai que l'œuvre de Monique Wittig « défie la légitimité d'un système de pouvoir donné », son but avoué n'est pourtant pas de s'approprier ce système de pouvoir, mais de le détruire : « Elles disent, si je m'approprie le monde, que ce soit pour m'en déposséder aussitôt, que ce soit pour créer des rapports nouveaux entre moi et le monde » (*G*, p. 154).

---

56. *Ibid.*, p. 63.
57. Ross Chambers, *op. cit.*, p. xv.

C'est là une avenue intermédiaire qui semble avoir échappé au théoricien. Il faut dire qu'elle peut être particulièrement exigeante pour le lecteur. Tel est le cas ici, car ce dernier doit lire, non seulement l'ironie liée au remplacement du « ils » par le « elles », mais également la mise en question d'une pareille polarisation des individus. En d'autres termes, il doit voir que la catégorie des « guérillères » ne correspond ni à celle des femmes ni à celle des hommes – auquel cas l'auteur aurait utilisé le terme de « guerrières » ou de « guerriers » –, mais renvoie à quiconque combat la catégorisation sexuelle des individus[58]. En réalisant l'universalisation parodique du « elles », Monique Wittig « démélancolise » la production textuelle d'une identité oppositionnelle, c'est-à-dire qu'elle fait correspondre cette identité non pas à l'Autre (le fou, l'enfant, la Femme, l'homosexuel efféminé...) du Sujet qu'évoque le « Je suis l'autre » de Nerval ou le « Je est un autre » de Rimbaud, mais à un sujet inédit qui réfute le système symbolique légitimant cette catégorisation des êtres, et exige une nouvelle grammaire.

On peut fort bien imaginer, depuis les théories de Marx, que l'occupation de la place du « maître » par l'« esclave » aboutisse à l'abolition de chacune de ces catégories. Encore faut-il se trouver en présence d'un esclave conscient non seulement de sa position d'esclave, mais aussi de son statut d'être « en soi », question que Marx avait balayée sous prétexte qu'il n'y a pas de sujet hors des relations sociales. Pour Monique Wittig toutefois, « il n'y a pas de combat possible pour qui est privé(e) d'identité propre[59] ». Ce n'est que parce que chaque protagoniste se réalise par sa prise de parole dans Les Guérillères, qu'un « nous » hors catégories peut émerger comme instance narrative dans la dernière phrase du livre :

---

58. Il y a aussi des « hommes » qui deviennent des « guérillères » : « Elles découvrent derrière les arbres un jeune homme prostré tremblant [...] les joues salies par les larmes [...]. Elles [lui] apprennent [...] qu'il est le premier à les avoir rejointes dans leur combat. Toutes l'embrassent. L'une d'entre elles lui apporte un fusil, disant qu'elle lui en apprendrait le maniement » (G, p. 202-203).
59. Monique Wittig, « On ne naît pas femme », p. 81.

Et lorsque [la guerre] fut fini[e] [...], quelqu'une au fond de la salle cria, camarades, souvenons-nous de celles qui sont mortes pour la liberté. Et nous entonnâmes alors la Marche funèbre, un air lent, mélancolique et pourtant triomphant (*G*, p. 208).

Il devient alors possible de relire l'œuvre à partir d'un nouveau point de vue sur le monde. Cette relecture est d'autant plus pertinente que l'œuvre possède une structure circulaire : lorsqu'elle s'ouvre, la guerre qui se déroulera a déjà eu lieu.

## L'élaboration d'un discours dé/citationnel

Les dispositifs narratifs que nous venons de voir dans *L'Opoponax* et *Les Guérillères* se caractérisent par un constant aller et retour entre la voix narrative distanciée de la parole doxique (Catherine Legrand adulte et l'ensemble des guérillères) et la voix des personnages aux prises avec cette parole (Catherine Legrand enfant et chaque guérillère). Ces voix se rejoignent au fur et à mesure qu'émerge, au sein de la deuxième instance, la conscience d'un moi individuel, dans le cas de *L'Opoponax* (on/je), d'un moi collectif, dans celui des *Guérillères* (on-elles/nous) ; au fur et à mesure, en d'autres termes, qu'il y a passage de la récitation (mécanique) à la ré/citation, qu'il y a recontextualisation ironique du discours dominant.

Dans les romans suivants, *Le Corps lesbien* et *Virgile, non*, l'instance narrative n'est pas limitée par une conscience personnelle ou collective naissante. Son propos qui n'est plus lié « littéralement » aux paroles autoritaires, est libre de combattre leur pouvoir de récupération en prenant le parti de ne pas les reproduire. Plutôt que de recontextualiser les clichés ambiants, l'instance narrative contourne ces derniers en tentant moins « une *entière* exclusion du discours dominant[60] », suivant la définition qu'a donnée Richard Terdiman du procédé de dé/citation, que la mise au jour ironique de ses limites et de ses zones d'ombre, et l'exploration formelle de ses tabous. En

---

60. Richard Terdiman, *op. cit.*, p. 280. Je souligne.

ce sens, les romans poétiques de Monique Wittig sont les descendants éloignés du poème en prose que créèrent, au siècle dernier, les écrivains de *l'Art pour l'Art* « pour éliminer l'utilisation, normalisée, – référentielle et instrumentale – du langage qui caractérise le discours dominant[61] », et donc combattre la menace que représentait l'idéologie utilitaire pour la littérature.

Monique Wittig ne s'attache donc pas, comme Baudelaire ou Mallarmé, à mettre en forme une œuvre qui « n'a d'autre but qu'Elle-même[62] », et ne peut – faute de pouvoir exprimer un contenu – qu'illustrer la désubjectivation des sujets qu'opère le discours dominant. Pensons à ces mots de Mallarmé, « le travail a lieu tout seul ; fait étant », et de Rimbaud, « C'est faux de dire : Je pense. On devrait dire : On me pense » (lettre à Izambard datée du 13 mai 1871)[63]. Monique Wittig tente, au contraire, d'articuler une perspective qui se serait justement affranchie de cette désubjectivation discursive. Pour ce faire, elle recourt à des protagonistes lesbiens, non en tant que représentants d'une catégorie essentielle de sujets, mais en tant qu'ils sont à peu près absents du discours et donc moins *marqués* par lui que les autres types de protagonistes ; en tant, en d'autres termes, qu'ils occupent une position subjective distanciée par rapport au discours dominant. L'articulation de cette nouvelle perspective se fait en deux temps. Dans *Le Corps lesbien*, l'auteur reformule le sujet amoureux sur le mode poétique et, dans *Virgile, non*, elle reformule le sujet politique sur le mode argumentatif ou rhétorique. Nous procéderons donc, ici encore, en examinant chaque livre séparément.

1. La reformulation du sujet amoureux

Dans *Le Corps lesbien*, la narration se fait à la première personne du singulier (J/e), mais l'instance narrative comme telle demeure insaisissable. En effet, aucun indice ne nous permet de savoir si elle représente une seule des amantes en

---

61. *Ibid.*, p. 288.
62. Baudelaire, *Œuvres complètes*, p. 685.
63. Propos cités par Richard Terdiman, *op. cit.* p. 291 et 292.

présence ou, tour à tour, chacune d'elles. Certains éléments pourraient nous laisser croire que l'instance narrative demeure la même, en particulier la ressemblance de ton d'un poème à l'autre, l'accentuation de certains traits, comme la force et la beauté, au détriment d'autres, et un bagage culturel récurrent, mais d'autres indices pourraient tout aussi bien nous convaincre de l'inverse : l'anonymat des interlocutrices (« j/e » et « tu ») et les incessants renversements de situation. En outre, chaque portrait qui nous est présenté des amantes ne fait intervenir que des aspects généraux du corps et de la personnalité humaine. Il est bien fait mention de cheveux châtains, d'un corps musclé ou d'un caractère intraitable, mais de manière si ponctuelle que ces informations demeurent poétiques. En fait, l'identité particulière des amantes n'a aucune importance, dans cette œuvre où compte bien davantage le point de vue qui donne sens et forme à l'être aimé « en soi », dans les deux acceptions du terme.

De fait, la structure narrative du *Corps lesbien* est constituée par le récit que fait J/e de ses interactions avec Tu, par son intériorisation, en d'autres termes, des paroles et des gestes de Tu. Or, dans la mesure où ces interactions reterritorialisent de manière récurrente des moments mythiques ou historiques, elles confèrent à ces derniers une dimension universelle. On reconnaîtra, dans les passages suivants, la remontée des Enfers d'Orphée et d'Eurydice, la longue quête de Latone mise en parallèle avec la transformation en pierre de Niobé, ainsi qu'une référence aux interrogatoires de l'Inquisition :

> j/e m/e mets à hurler de désespoir [...] à te supplier de m/e laisser dans m/a tombe à te décrire avec brutalité m/a décomposition les purulences de m/es yeux de m/on nez de m/a vulve [...]. Tu m//interromps, tu chantes [...] ta certitude de triompher de m/a mort (*CL*, p. 12) ;

> Le gel le plein soleil la faim la soif les déchirures de mes membres de m/on dos le long désir de toi, l'amère privation, j/e ne peux pas te les dire puisque tes oreilles sont de pierre [...]. Pourtant [...] j/e vois les larmes inonder tes joues, elles m/e jaillissent tout droit de

tes yeux [...], c'est un fleuve brûlant [...], tu m//entends, tu es vivante dans cette pierre (*CL*, p. 26) ;

toi m/on inique m/on inquisitrice tu ne m/e lâches pas, tu veux que j/e parle [...], j/e m/e tiens à hauteur de tes yeux, [...] tu m/e chasses brutalement [...], tu m/e traques m/a féroce, tu m/e contrains à crier, tu mets les mots dans m/a bouche, tu m/e les souffles dans m/on oreille et j/e le fais (*CL*, p. 21).

Cette représentation inhabituelle, parce que dépouillée de toute dimension individuelle du sentiment amoureux, permet à Monique Wittig de mettre en relief les différents registres du discours. On y trouve la polémique, la séduction, le chantage, mais aussi l'interrogation – « Pourquoi folle exécrable m/a très chérie t'es-tu faite pierre alors que j/e t'aime si tendrement ? » (*CL*, p. 25) –, la supplication – « [J]/e te requiers de te laisser voir, j/e te demande de te laisser toucher, j/e te sollicite de sortir de cette non-présence où tu t'abîmes » (*CL*, p. 31) –, ou la prière – « Sois m/a très chérie puissante assise ferme sur tes talons, que tes cuisses soient d'airain, tes genoux de boue rouge d'argile » (*CL*, p. 78). De même, Monique Wittig recourt à une grande variété de figures de style, comme l'énumération, l'allitération, la prétérition, la comparaison et les jeux sur les niveaux de sens : « Tes oreilles sont de pierre. »

En somme, cette représentation systématique d'un dialogue passionné apparaît comme l'exploration formelle de la complexité et de l'hétérogénéité du sentiment amoureux. En ce sens, elle renvoie à la condition proprement humaine des protagonistes, à leur sensibilité, mais également à leur agressivité (combativité, force, violence, etc.). Or, il s'agit là d'un geste éminemment dé/citationnel de la part de l'auteur car, dans les représentations doxiques d'amants, l'agressivité est le plus souvent masquée ou polarisée/sexuée, c'est-à-dire associée au seul partenaire masculin d'un couple. Au contraire, dans *Le Corps lesbien* elle se manifeste chez l'une ou l'autre amante, indifféremment. En outre, Monique Wittig transpose sur le plan discursif la violence du désir amoureux comme Baudelaire lui-même n'a pas osé le faire. Relisons ce passage, inspiré du poème « L'Héautontimorouménos » (Le Bourreau de soi-même)[64] :

> Si quelqu'une dit ton nom j/e crois que m/es oreilles vont tomber lourdement par terre, j/e sens m/on sang devenir plus chaud dans m/es artères [...], j/e deviens brusquement le lieu des plus sombres mystères [...], j/e suis le couteau qui tranche la carotide des agnelles nouvelles-nées, j/e suis les balles des fusils-mitrailleurs qui perforent les intestins, j/e suis les tenailles rougies au feu qui tenaillent les chairs. [...] Sappho m/on incomparable, donne-m/oi les doigts par milliers qui adoucissent les plaies (*CL*, p. 8).

Si cependant la mise en scène complexe du discours amoureux tranche radicalement avec ses représentations dans les conversations ordinaires, les chansons populaires ou la littérature, elle tranche également avec les rares représentations des amours lesbiennes en ce qu'elle abolit leur caractère spécifiquement sulfureux ou, au contraire, sentimental. En fait, *Le Corps lesbien* trouble et choque non pas parce qu'il comporte des propos obscènes, racoleurs ou mièvres, comme on en découvre dans la presse à sensation, les revues spécialisées et dans certains textes d'auteurs célèbres ayant traité le sujet des « amitiés particulières », tels Verlaine, Pierre Louÿs ou Renée Vivien, mais parce que ses descriptions anatomiques et scientifiques du corps amoureux ne cadrent avec aucun discours érotique.

> L'éclat de tes dents ta joie ta douleur la vie secrète de tes viscères ton sang tes artères tes veines tes habitacles caves tes organes tes nerfs leur éclatement leur jaillissement (*CL*, p. 7) ;

> M/es oreilles sont atteintes [par ta voix] les marteaux frappant violemment les enclumes les canaux circulaires les limaçons se mettant à tourbillonner, tout m/on cerveau est ébranlé (*CL*, p. 120).

---

64. « Je te frapperai sans colère/ Et sans haine, comme un boucher [...]/Et je ferai de ta paupière,/ [...]/ Jaillir les eaux de la souffrance / Mon désir gonflé d'espérance/ Sur tes pleurs salés nagera [...]/ Je suis la plaie et le couteau !/ Je suis le soufflet et la joue !/ Je suis les membres et la roue,/ Et la victime et le bourreau », Baudelaire, *Les Fleurs du mal*, p. 120.

Ce choix opère la difficile, la rigoureuse, l'amoureuse redécouverte du corps matériel sous l'amas de ses représentations pornographiques ou sentimentales, qui le morcellent ou le gomment. Mais l'œuvre entre également en polémique avec le système de représentation dominant du corps lesbien, en s'attaquant aux deux types de censure qui caractérisent son élaboration doxique, à savoir le silence et les « monstrations ».

L'opprobre qui frappe l'homosexualité en général dans le discours dominant s'est manifesté, pendant des siècles, par le recours aux euphémismes, explique l'historienne Marie-Jo Bonnet :

> Le silence auquel furent réduits Sodome et Gomorrhe après leur destruction est de règle, et certains théologiens, saisis par une sainte pudeur, n'hésiteront pas à rebaptiser le péché de sodomie, « péché muet »[65].

Quant au « péché » associé à Gomorrhe, il demeurera longtemps sans désignation :

> Le Moyen Âge n'utilisera pas d'autre terme pour les femmes que celui, très vague, de « péché de luxure », qui se rapporte de manière générale au plaisir hors mariage et à toute la question de l'adultère, ou celui d'« infamen », mot venu tout droit de l'*Épître aux Romains* [...][66].

Évoquant à plusieurs reprises la formule dé/citationnelle qu'employa Oscar Wilde lors de son procès en 1895 – « l'amour qui n'ose pas dire son nom » –, Monique Wittig satirise la longue injonction au silence dans *Le Corps lesbien* : « Ce qui a cours ici [...] n'a pas de nom pour l'heure » (*CL*, p. 7), « J/e tairai ton nom adorable. Tel est l'interdit qui m//a été fait, ainsi soit-il » (*CL*, p. 11), « j/e t'appelle, toi innommable innommée, celle de qui j/e ne dois pas dire le nom » (*CL*, p. 44), « j/e ne sais pas de quel nom t'appeler » (*CL*, p. 63). En fait, le titre même de cette œuvre, *Le Corps lesbien*, également inscrit au début et à la fin de la liste des par-

---

65. Marie-Jo Bonnet, *Les Relations amoureuses entre les femmes*, p. 34.
66. *Loc. cit.*

ties et humeurs du corps qui traverse le livre, ainsi que les vingt-trois mentions du nom de Sappho[67] qui émaillent le texte, révoquent définitivement ce silence. En outre, l'annonce parodique par la narratrice, promue nouveau prophète « Baptiste », de l'amante « incarnée », vient contrer à jamais la loi du silence par l'humour : « j/e t'annonce à celles immobiles pour te regarder venir, j/e te baptise pour les siècles des siècles, ainsi soit-il » (*CL*, p. 25).

Quant à la deuxième censure qui caractérise le système de représentation du corps lesbien, à savoir la monstration, elle intervient avant et après le règne de la loi chrétienne du silence. Le discours officiel, dont les mythes et les auteurs se font les porte-parole, associe alors les lesbiennes à des femmes anormalement viriles ou à des créatures perverses, voire bestiales. Horace qualifie Sappho de *mascula*[68], Ovide parle d'« amours monstrueuses[69] », Baudelaire appelle les lesbiennes des « démons » et les compare à des « loups »[70], Sartre les identifie à des mouches anthropophages.

Tirant un parti inattendu de ces monstrations, Monique Wittig riposte ironiquement en les accentuant ou en les démultipliant. L'auteur contourne, par exemple, la définition de la « tribade » (ancien terme pour « lesbienne ») – une « femme dont le clitoris a pris un développement exagéré[71] » –, par l'allongement luxuriant des autres parties du corps. Ainsi, ses amantes verront leur système pileux se transformer en une longue et fine chevelure, leurs doigts

---

67. En voici quelques exemples : « j/e t'appelle à m/on aide Sappho » (p. 8), « elles savent puisque Sappho l'a écrit » (p. 26), « à l'aide m/a Sappho » (p. 49).
68. M.-J. Bonnet, *ibid.*, p. 26.
69. « [C]hantons les jeunes garçons aimés des dieux et les jeunes filles à qui des amours monstrueuses ont fait perdre la raison et qui ont par leurs désordres attiré sur elles un châtiment mérité », Ovide, *Les Métamorphoses*, p. 325.
70. « Ô vierges, ô démons, ô monstres, ô martyres », « Loin des peuples vivants, errantes, condamnées [...] courez comme les loups », Baudelaire, « Femmes damnées » (1 et 2), *op. cit*, p. 162 et 195.
71. *Dictionnaire universel du XIX<sup>e</sup> siècle* (Pierre Larousse), cité par M.-J. Bonnet, *ibid.*, p. 57.

devenir extraordinairement longs, des « ailes[72] » apparaître sur tout leur corps ou ce dernier se métamorphoser entièrement en une haute et splendide glycine :

> [A]u fur et à mesure que tu avances la cascade de m/es fleurs se referme sur toi, ta tête elle aussi se trouve submergée, j/e suis terriblement haute grande et forte, tu ne le déplores pas tandis que j/e ruisselle sur toi à toutes fleurs à toutes couleurs à toutes odeurs. (*CL*, p. 164.)

L'auteur supprime également la notion de châtiment attachée aux métamorphoses, pour faire de ces dernières l'occasion de rencontres érotiques et le signe des victoires gagnées sur les violences subies (les condamnations, le silence, l'édulcoration, etc.). Elle transforme ses amantes en monstres aussi fascinants que le gardien d'Io, Argos, dont les cent yeux, devenus « dix mille yeux », étincellent et font de la musique au moindre mouvement, ou l'homme de bronze, Talos[73], dont l'ardente passion, à fleur de métal, brûle littéralement J/e, la « consume » afin qu'elle puisse renaître de ses cendres comme le phénix.

Elle transforme également ses protagonistes en animaux ou en insectes en mettant en valeur leurs qualités et les jouissances ou les forces que ces qualités peuvent leur apporter. Il s'agit, par exemple, de la fierté de la cavale, de la détermination de la mouche, de la sensualité de la louve.

> Ton poil est tout noir et brillant. [...]. Ta tête sur m/a nuque pèse, tes canines entaillent m/a chair au plus sensible, [...] j/e prends ta tête entre m/es mains, j/e te parle, ta grande langue passe sur m/es yeux, tu m/e lèches les épaules les seins les bras le ventre [...], il vient un moment où tout enfiévrée tu m/e prends sur ton dos m/a louve m/es bras autour de ton cou m/es seins m/on ventre appuyés à ta fourrure [...] tu te mets à galoper (*CL*, p. 14-15).

---

72. « Au mot "nymphes", on a substitué graduellement, pour désigner les petites lèvres de la vulve, le mot "ailes", d'un usage plus aisé », Monique Wittig et Sande Zeig, *Brouillon pour un dictionnaire des amantes*, p. 11.
73. Voir le résumé que donne Robert Graves de ces mythes dans *Les Mythes grecs*, t. I, p. 206-207 (56.a) et p. 335-336 (92.m).

Par ce traitement des monstrations du corps lesbien, Monique Wittig définit un corps de désir inventif et ludique. Dans la mesure où la représentation ne joue plus, ici, sur une polarisation des comportements amoureux, sur une supposée complémentarité des amants, mais sur les seuls plaisirs et défis qu'offrent leurs interactions, elle transgresse aussi la représentation des amants conventionnels.

Parallèlement à sa dé/citation du discours amoureux doxique, Monique Wittig s'attaque également, dans *Le Corps lesbien*, à la langue même. Elle le fait, comme Mallarmé, « pour mettre un terme à l'inflammable construction idéologiquement neutralisée et naturalisée de la prose dominante[74] ». Plutôt que d'opérer, à l'instar du poète, « la défétichisation du contenu [...] en fétichisant le médium de sa production et de sa transmission[75] », ainsi que Richard Terdiman résume le contre-discours mallarméen, Monique Wittig, par ses violations syntaxiques, met au jour le fonctionnement de l'idéologie dominante dans la langue même. En effet, l'universalisation parodique du féminin, déjà présente dans *Les Guérillères*, poursuit la dénonciation de la catégorisation des sexes dans la langue française. De même, l'utilisation outrancière de la forme passive neutralise la polarisation structurelle de cette dernière, à savoir la domination du sujet sur l'« objet » : « [J]/e ne suis pas vue par toi » (*CL*, p. 10), « [J]/e suis désirée par toi. » (*CL*, p. 108-109.), « [T]u es par moi surprise tout entière, tes seins sont touchés, ta gorge est touchée [...] » (*CL*, p. 164). Ces transgressions syntaxiques, qui s'appliquent aussi à la transformation de certains verbes intransitifs en verbes transitifs, favorisent la représentation de la complexité des relations humaines, remarque Marthe Rosenfeld :

> En utilisant des verbes intransitifs tels que « résonner », « venir », « jaillir », « plonger », « s'approcher », « pleuvoir » avec des compléments d'objet directs, Monique Wittig crée une syntaxe [...] qui facilite l'expression des rapports entre le moi, l'autre et le monde. [...] De même la copule, qui ailleurs renforce

---

74. Richard Terdiman, *op. cit.*, p. 335.
75. *Loc. cit.*

l'identité du sujet logocentrique, s'est transformée ici en verbe transitif pour communiquer la sensation des échanges infinis entre des sujets lesbiens [c'est-à-dire hors sexuation] [...] : « j/e te suis tu m//es irréversiblement m/a plus aimée » (p. 135)[76].

En somme, Monique Wittig transgresse en même temps la langue et les représentations doxiques du corps amoureux. De la sorte, non seulement elle montre l'étroite correspondance qui existe entre les ordres (formel, sémantique, syntaxique), mais elle intègre, contrairement aux tenants de *l'Art pour l'Art*, la littérature et son auteur – en tant que sujet – dans le procès de signification. De la sorte, elle déjoue la marginalisation qu'exerce sur ces instances le discours dominant (« ce n'est que de la littérature », « c'est l'œuvre d'un artiste ») et résiste à ce que Richard Terdiman appelle l'« esthétisation[77] » de la prose poétique, qui équivaut à la réduire à sa dimension la moins dérangeante pour l'ordre établi.

En traitant le thème de la passion, Monique Wittig rappelle la force de changement que représente le désir en regard des perceptions que l'on peut avoir de la réalité – d'où l'énorme attention dont ce sentiment est l'objet de la part des structures de pouvoir. En fait, si le désir s'avère générateur de changements, c'est parce qu'il déclenche, comme le souligne Ross Chambers, des prises de conscience chez les individus, et, en fait par conséquent de véritables sujets :

> Si le désir [...] est une force qui peut changer les choses, c'est précisément parce que, en tant que phénomène médiateur, il n'a pas de racines au sein du « moi » ; il produit plutôt des sujets [...] et en fait des agents de changement [...] *grâce auxquels* le changement peut se produire, [ils demeurent ainsi] le lieu même de son apparition[78].

---

76. Marthe Rosenfeld, « Vers un langage de l'utopie amazonienne... », p. 57.
77. Richard Terdiman, *op. cit.*, p. 270-1.
78. Ross Chambers, *op. cit.*, p. 253.

## 2. La reformulation du sujet politique

Ce que *Le Corps lesbien* dénonce implicitement, à savoir l'inaptitude des discours à bien rendre compte des réalités que cache la « réalité », *Virgile, non,* va le dénoncer explicitement. Dans ce roman, l'instance narrative est celle d'un auteur qui cherche une façon de décrire le monde, non pas tel qu'on le lui montre, mais tel qu'il lui apparaît de son point de vue particulier. Cette mise en scène devient l'occasion, pour Monique Wittig, d'interroger l'autorité et le rôle de l'écrivain dans « la cité » (*polis*) au sens large, c'est-à-dire en tant qu'organisation sociale (*politikos*). Elle y parvient par l'orchestration des interactions du personnage du narrateur-auteur avec les autres protagonistes du roman. Par ailleurs, son choix de donner son propre nom au personnage de l'auteur, soit « Wittig »[79], signale le parti pris dialogique de l'œuvre. En effet, cette incarnation de la figure de l'écrivain s'oppose à la tradition monologique de l'auteur transcendant, à sa prétention à la Vérité. Ce dialogisme est d'ailleurs souligné, montré, par la mise entre parenthèses des propos des personnages, comme s'ils s'agissaient de paroles intérieures ou d'apartés, c'est-à-dire de paroles énoncées malgré la censure, les interdits entourant certains sujets comme le lesbianisme ou la violence faite aux femmes.

Cette stratégie de l'incarnation de la figure de l'écrivain est d'autant plus efficace que le personnage de « Wittig » ressemble, autant qu'on puisse en juger à la lecture de ses ouvrages, à Monique Wittig[80]. D'abord, il paraît posséder la même culture qui embrasse, rappelons-le, la mythologie, la littérature antique, la *Bible*, les romans de chevalerie, un vaste corpus poétique et philosophique, l'histoire des guerres,

---

79. L'auteur qui se nomme « Wittig » dans *Virgile, non* est bel et bien un personnage fictif qu'il ne faut pas confondre avec la vraie Wittig, à savoir l'auteur de *Virgile, non*. Pour éviter toute confusion, nous écrirons le nom de cet auteur fictif entre guillemets.
80. Sur la question du pacte autobiographique dans *Virgile, non*, voir, Leah D. Hewitt, *Autobiographical Tightropes*, en particulier le chapitre 4, « Confusing the Genres : Autobiographical Parody and Utopia in Monique Wittig's *Across the Acheron* ».

etc. Ensuite, il se revendique du lesbianisme politique tel que Monique Wittig l'argumente dans quelques-uns de ses essais réunis sous le titre *The Straight Mind*, et que Jeannelle Laillou Savona résume en ces termes :

> Pour [Monique] Wittig, la notion de lesbienne n'est ni psychologique ni purement sexuelle ou étroitement limitée au désir. Elle n'implique nullement une identification aux autres femmes, fondée sur la seule similarité d'expériences biologiques ou psychologiques, mais plutôt un engagement politique, né d'une idée universelle de la justice et exigeant la destruction des « catégories de sexe » comme fondements de toutes les manières de penser ou modes d'existence[81].

Enfin, « Wittig » semble partager la même perception matérialiste de l'hétérosexualité que Monique Wittig :

> Elle [Monique Wittig] redéfinit l'hétérosexualité comme un « contrat social » tacite, incontesté et « forcé » [...]. Basé sur la fausse notion de « différence sexuelle », qui masque une relation politique d'oppression d'une classe par une autre, ce contrat, ou « régime politique », hétérosexualise les femmes et en fait des « êtres sexués » qui n'ont de sens que par leurs activités reproductrices[82].

En ce sens, « Wittig » s'inscrit, de même que l'auteur, dans la tradition philosophique des humanistes qui placent l'être humain au centre de leurs préoccupations et cherchent à améliorer les conditions de sa liberté. Le lesbianisme, suivant cette perspective, n'est pas une inoffensive « orientation sexuelle », une sorte de destin contre lequel on ne peut rien, un malheur ou un bonheur, mais une stratégie éthico-politique visant à rompre un contrat social, l'hétérosocialité, qui maintiendrait la moitié des êtres humains en servitude, notamment sur les plans politique et économique. C'est là un discours très subversif, tant dans l'arène politique que sur la scène littéraire. Comme le rappelle Jonathan Ned Katz : « L'hétérosexualité appartient, prétendument, au royaume de

---

81. Jeannelle Laillou Savona, « Lesbian on the French Stage », p. 149.
82. Jeannelle Laillou Savona, « Monique Wittig », p. 519

la nature, de la biologie, des hormones, et des gènes – c'est une question de fait physiologique, une vérité de la chair. Ce n'est que secrètement que l'hétérosexualité est une valeur et une norme, une question de morale et de goût, de politique et de pouvoir[83]. » Par sa perspective dissidente, l'instance narrative se situe dans un rapport dialogique de dé/citation face à l'univers discursif ambiant.

Donnons quelques exemples concrets de cette dé/citation du discours dominant qu'opère le « roman ». Plutôt que d'employer le terme consacré par les institutions pour désigner les humains femelles, à savoir des « femmes », « Wittig » parle d'« âmes damnées[84] », parce que réduites, à l'échelle de la planète, à mener une vie de misère (pauvreté, exploitation domestique, viol, violences conjugales, etc.). Par ce moyen, elle fait apparaître les arguments des philosophes, des magistrats et de l'Église, quant à la soi-disant « infériorité naturelle » de ces individus, comme une justification de cette exploitation, plutôt qu'une défense fondée. En outre, elle renverse ironiquement le point de vue conventionnel (moral) qui les désigne, selon le titre de deux poèmes de Baudelaire sur les lesbiennes, comme des « femmes damnées ».

Pour « Wittig », les lesbiennes sont « des runaways, des marronnes » (*VN*, p. 109) parce que, comme les Noirs qui ont fui l'esclavage, elles fuient l'enfer d'une « condition féminine » qu'on leur présente comme naturelle, inévitable. En d'autres termes, elles aspirent à la liberté – ce qui les distingue franchement de la définition qu'en donnent les dictionnaires : « Personne qui éprouve une attirance sexuelle plus ou moins exclusive pour les individus de son propre sexe[85] ». Autre exemple : la compassion chrétienne pour le prochain est « rebaptisée », dans *Virgile, non*, « passion active » car désormais elle « bouillonne, fermente, explose, exalte, embrase, agite, transporte, entraîne [...] » (*VN*, p. 107), c'est-à-dire s'incarne en actions concrètes. En ce sens, ce sentiment de-

---

83. Jonathan Ned Kate, *The Intervention of Heterosexuality*,, p. 40.
84. Cette expression est empruntée à *La Divine Comédie* de Dante où elle s'applique aux pécheurs expiant leurs fautes en enfer.
85. *Petit Robert*, 1994.

vient l'occasion de combats contre toutes les formes d'abus de pouvoir plutôt qu'acceptation du statu quo (pitié, charité chrétienne, anomalie).

Pour revenir à la question de la ressemblance de la narratrice avec l'auteur réel de *Virgile, non*, on remarquera qu'il importe peu que les traits spécifiquement liés à la personnalité de « Wittig » – sa propension à s'emporter, à faire le joli cœur ou à « mettre les pieds dans les plats » en jouant les héros, à adopter le style noble « pour donner un peu d'éclat à notre sexe asservi » (*VN*, p. 14) – reflètent ou non celle de Monique Wittig. De fait, la fonction première de ces traits éminemment sarcastiques est de signaler l'appartenance de ce personnage à la catégorie de l'antihéros[86] tel qu'incarné par le Don Quichotte de Cervantès. Ainsi « Wittig » échoue, malgré toute sa bonne volonté, à convaincre les « âmes damnées » qu'elle rencontre du caractère désintéressé de sa démarche :

> (Malheureuses ! Écoutez-moi !) [...] (Sapho [sic] m'est témoin que je ne vous veux aucun mal puisque au contraire je suis venue ici comme votre défenseur et redresseur de torts car je soupçonne que, comme les maux, ils pullulent parmi vous) (*VN*, p. 15-16)[87].

En réalité, non seulement les « Malheureuses » mettent en doute la moralité du nouvel hidalgo, mais elles ridiculisent aussi son combat.

Cette filiation de l'œuvre avec la parodie de Cervantès donne son ton ironique au roman et confirme son appartenance à la tradition du roman polyphonique. En outre, la

---

86. « L'antihéros – incompétent, malchanceux, sans tact, stupide, bouffon – se rattache à une vieille lignée de personnages littéraires [...]. Un exemple très ancien et exceptionnel dans la littérature européenne, est la figure attachante du chevalier éponyme de *Don Quichotte* (1605-1615) », *Dictionnary of Literary Terms and Literary Theory*, p. 46. Monique Wittig publie la même année, avec « Le voyage sans fin », sa propre interprétation du *Don Quichotte* de Cervantès, mais sous une forme dramatique.

87. On remarquera la parenté du style oratoire de « Wittig » avec celui de Don Quichotte : « Et moi, qui suis venu au monde pour redresser de semblables torts, je ne souffrirai pas [...]. » Miguel de Cervantès, *Don Quichotte*, t. I, p. 619. Rappelons que tous les dialogues, dans cette œuvre, se trouvent entre parenthèses.

représentation d'un créateur faillible et donc susceptible d'être remis en question, démystifie l'autorité de l'écrivain. De la sorte, Monique Wittig « humanise » la figure de l'auteur/narrateur, en fait un personnage comme les autres, c'est-à-dire existant dans le même monde qu'eux et avec lequel ils pourront entrer en dialogue.

Pour mener à bien notre étude de la dé/citation dans *Virgile, non*, il nous faut donc examiner les types de rapports sémantiques qu'entretiennent les discours des principaux personnages avec celui de « Wittig ». Aux fins de cet examen, nous retiendrons le modèle de la stratification du langage/discours du « prosateur », ou narrateur, qu'esquisse Mikhaïl Bakhtine dans le passage suivant, mais pour l'appliquer à l'ensemble du texte de *Virgile, non*, plutôt qu'au seul langage/discours de sa narratrice :

> Le langage du prosateur [narrateur] se dispose sur des degrés plus ou moins rapprochés de [celui de] l'auteur et de son instance sémantique dernière : certains éléments de son langage expriment franchement et directement (comme en poésie) les intentions de sens et d'expression de l'auteur, d'autres les réfractent ; sans se solidariser totalement avec ces discours, il les accentue de façon particulière (humoristique, ironique, parodique, etc.), d'autres éléments s'écartent de plus en plus de son instance sémantique dernière et réfractent plus violemment encore ses intentions ; il y en a, enfin, qui sont complètement privés des intentions de l'auteur : il ne s'exprime pas en eux (en tant qu'auteur) mais les *montre* comme une *chose verbale originale* ; pour lui, ils sont entièrement objectivés[88].

Mentionnons d'abord que la majorité des conversations qui s'engagent avec « Wittig » le sont sur le mode de la protestation. De fait, on verra que les critiques pleuvent sur la narratrice. Ces critiques illustrent l'un ou l'autre des trois types de rapport interdiscursif que décrit Mikhaïl Bakhtine, à savoir l'objectivation, la convergence et la réfraction. Nous commencerons par repérer ces discours avant d'examiner leurs influences respectives sur les propos du protagoniste.

---

88. Mikhaïl Bakhtine, *Esthétique et Théorie du roman*, p. 119.

Le premier type de commentaire auquel fait face « Wittig » est cynique. Il émane d'une figure emblématique du pouvoir, puisqu'il s'agit d'un aigle[89]. Ce rapace fond littéralement sur elle tandis qu'elle s'entraîne au tir. Ayant réussi à terrasser l'oiseau de proie, « Wittig » découvre toutefois qu'il s'agit d'un simple robot dont le mécanisme s'est coincé dans la bagarre et qui ne cesse de répéter les mêmes poncifs. Ce discours, maintes fois rabâché par les « dieux » de tout acabit au cours des siècles, était destiné à l'intimider ou, plus précisément, à rabaisser la rebelle et à la ramener à la condition d'« esclave », de « misérable créature » et de « poussière » que les différentes instances de pouvoir ont assignée au cours de l'histoire aux « âmes damnées ».

> (Que tu le veuilles ou non, Wittig, l'esclavage a la voix enrouée – ici, rire. N'essaie pas de péter plus haut que ton cul, misérable créature. Tu es née poussière et tu redeviendras poussière) (*VN*, p. 12).

Le deuxième type de critique est d'un tout autre calibre. Il émane d'une interlocutrice privilégiée de « Wittig ». Lesbienne comme elle, Manastabal est en effet le personnage qui guide « Wittig » dans sa traversée des enfers que vivent les « âmes damnées ». Cette interlocutrice s'irrite de la pauvreté d'expression de « Wittig » pour décrire ce qui ne l'a pas encore été, c'est-à-dire le paradis sur terre tel qu'elles peuvent l'entrevoir lors de moments de grâce :

> [Manastabal :] (Il faudra bien trouver les mots pour décrire ce lieu, sous peine de [s]a disparition brutale [...]. Quel mot te vient à l'esprit [Wittig] ?)
> Et moi [Wittig] assez piteusement : (Beauté[90].)
> Son rire fond comme le lancer d'un oiseau à terre et elle dit : ([...]. Serre les voiles, Wittig, l'enfer est proche) (*VN*, p. 22-23).

---

89. Voir J. Chevalier et A. Gheebrant, *Dictionnaire des symboles*, p. 12. Dante fait de l'aigle « le signe [maître] du monde et de ses conducteurs » ; cf. *La Divine Comédie*, p. 390.
90. Le mot pourrait être une référence à Sappho : « J'ai servi la beauté/ Était-il en effet pour moi/ quelque chose de plus grand ? » (Édith Mora, *op. cit.*, p. 353).

Elle blâme aussi le manque de finesse et de réalisme de la perspective de « Wittig » sur la situation des « âmes damnées » :

> [Wittig :] (Comment se peut-il, Manastabal mon guide, que tu fasses tant crédit à l'intelligence des âmes damnées [...] ? J'ai toujours tendance à penser, quant à moi, que seul un certain degré d'abêtissement peut expliquer qu'on reste en enfer.)[...].
> [Manastabal :] (C'est que ton principe à toi c'est : ou bien... ou bien. Tu n'établis pas de nuances. Tu ne vois rien de complexe à ce sur quoi repose l'enfer. Tu déclares qu'il faut le détruire et tu t'imagines qu'il suffit de lui souffler dessus) (*VN*, p. 86-87).

Les reproches de Manastabal sont ainsi d'ordre rhétorique et éthique ; ils concernent à la fois l'auteur et le « politique » au sens que donnait Socrate[91] à ce mot. Ils mettent en relief la responsabilité sociale de l'écrivain en tant qu'utilisateur d'une langue et de concepts portant l'empreinte du système idéologique dominant. En tant que « préposée au dialogue » (*VN*, p. 119), auteur dialogique donc, « Wittig » doit apprendre à formuler et à poser des questions susceptibles de provoquer des prises de conscience. Autrement dit, elle doit apprendre l'art de la maïeutique pour « accoucher » ses interlocuteurs de leurs propres vérités et, ce faisant, mieux se connaître elle-même. Pour Manastabal, le monde ne saurait changer tant que ceux qui le composent ne sont pas véritablement « au monde ».

Cet apprentissage, « Wittig » le fera auprès des « âmes damnées ». Or, c'est de celles-ci qu'émane le troisième et dernier type de critique qu'elle reçoit. Elles lui reprochent son attitude arrogante, ses mœurs et son manque de pragmatisme. La première énonciation de leurs invectives a lieu dans une « laverie automatique » – ce qui ne manque pas de piquant puisqu'il s'agit de laver un peu de linge sale en famille !

---

91. « Socrate, d'après Platon, insiste continuellement sur l'idée que la sagesse politique repose sur des compétences, elle suppose une compréhension intellectuelle de tout ce que l'on fait et la capacité de l'enseigner », *Dictionnaire de la pensée politique*, p. 730.

(Va-t'en retrouver les gouines répugnantes [...]. Car c'est bien là tout ce que tu sais faire, lécher des culs qui ne se montrent pas au grand jour. [...] Pour la plupart [...] vous n'avez ni feu ni lieu. [...] Vous n'en prétendez pas moins vouloir sortir tout notre sexe de sa servitude. Il y a de quoi mourir de rire, si ce n'est que ma bile m'étouffera avant, quand je songe que la seule chose qui vous intéresse, c'est de le corrompre tout entier, notre sexe) (*VN*, p. 13-14).

D'autres séances de contestation du discours de « Wittig » par les « âmes damnées » se produiront en divers endroits, notamment dans un « temple de l'amour ». À cette occasion, sans doute inspirée par une célèbre colère du Christ, « Wittig » adressera, fouet en main, un sermon en règle sur l'art d'aimer aux clients des lieux : « Qu'en est-il dans l'amour de votre sens du toucher ? Vous l'avez tout concentré dans un bout de barbaque [...]. Qu'en est-il de votre sens de la vue ? [...] » (*VN*, p. 114). Réagissant vertement à cette sortie, une prostituée accuse « Wittig » de reproduire le système même qu'elle dénonce en adoptant une attitude autoritaire et coercitive pour imposer aux autres ses propres lois et valeurs.

(Qu'est-ce que c'est que ce cirque ? Tu te prends pour la reine Victoria ou quoi ? Va-t'en jouer les redresseurs de tort à Castro [rue célèbre du quartier gay de San Francisco] car c'est là qu'est ta place, joue donc les Zorros, tu les feras rire. [...] Crois-tu que je ne sache pas ce que je fais ? [...] Crois-moi, mieux vaut vendre ses charmes que vendre ses larmes, or c'est ce qui m'attend sinon. [...] [T]u ne fais rien pour arranger les choses, car comme émissaire du fléau lesbien tu bats tous les records, toi qui te paies une séance de père fouettard au temple de l'amour. Tu sais combien ça va te coûter ?) (*VN*, p. 115-116).

Ce personnage rappelle donc à Wittig que le fait d'avoir privilégié la fuite que représente le lesbianisme vis-à-vis du régime hétérosocial ne lui donne pas le droit d'exiger des autres qu'elles fassent de même. Un comportement injuste ne devient pas plus juste parce qu'il part d'une intention louable.

Les différentes réactions que suscitent ses propos – et qui donnent à ces derniers une certaine légitimité –, amènent

« Wittig » à riposter ou à se justifier, selon les cas. À l'aigle, elle répond du tac au tac par d'autres clichés : « (Ferme ta gueule, vieux radoteur. Pierre qui roule n'amasse pas mousse et le silence est d'or) » (*VN*, p. 12). C'est dire que le discours de l'aigle ne l'atteint pas et ne mérite pas qu'elle s'y attarde en tant qu'auteur autrement que pour l'objectiver, c'est-à-dire le montrer comme une chose curieuse et révolue.

Les interventions de Manastabal suscitent des protestations sincères de la part de « Wittig », ce qui lui vaut des explications supplémentaires. Elle peut ainsi pousser plus loin sa réflexion et nuancer sa vision du monde et des « âmes damnées ». De la sorte, elle sera plus en mesure de les convaincre de la validité du combat qu'elle mène – et y parviendra d'ailleurs avec l'une d'entre elles : « (Je t'en prie, laisse-moi venir avec toi car j'apprends vite) » (*VN*, p. 105).

Sur un autre plan, la représentation de l'impact d'un discours sur le comportement d'un personnage illustre le pouvoir des mots. On sait que ce pouvoir est constamment utilisé par le système dominant pour promouvoir ses valeurs. Mais il peut l'être aussi par ceux qui en possèdent d'autres. Ross Chambers a bien montré, par exemple, comment l'inscription, dans un roman, d'un désir qui échappe au construit social peut devenir l'occasion d'une prise de conscience, chez le lecteur, des manipulations qui s'exercent sur lui[92]. La lecture d'un roman « oppositionnel », rappelle le théoricien,

> entraîne un changement parce qu'il [ce roman] produit le texte en tant que possibilité séduisante de déflection du désir, un *clinamen* résultant d'un acte de reconnaissance de soi de la part du lecteur, impliquant l'émergence d'un désir réprimé par les codes de contrôle[93].

Les blâmes qu'adressent, de leur côté, les « âmes damnées » à « Wittig » participent également à l'évolution de ce

---

92. « C'est par nos désirs que nous sommes "enfermés" dans un univers de représentations idéologiques dont l'emprise fonctionne comme une source principale de contrôle. Ce que nous désirons et comment nous le désirons – en bref, le désirable – est socialement médiatisé », Ross Chambers, *op. cit.*, p. 175.
93. *Ibid.*, p. 235.

personnage, puisqu'ils l'obligent à produire des arguments plus solides, à user d'outils rhétoriques variés (humour, provocation, séduction) et à adopter des attitudes plus conformes à ses principes. La virulence de ces blâmes suscite même une certaine satisfaction chez « Wittig », car elle trahit l'impact de son discours sur ses interlocutrices. En outre, leurs paroles, dans la mesure où elles médiatisent ou réfractent ce discours, la guident. Dans le passage suivant, la définition qui est donnée du lesbianisme rejoint en partie celle de « Wittig » (« toi qui n'appartiens à personne »). Enfin, l'énumération par le personnage de marques de violence confirme la thèse que défend « Wittig » de l'existence d'un système d'oppression appliqué aux « âmes damnées ».

> (Pourquoi viens-tu dans ce cercle si ce n'est pour te moquer de mes malheurs, toi qui n'appartiens à personne et aimes tes pareilles ? [...] Viens-tu évaluer les coups que j'ai reçus ? Faut-il que tu dénombres mes marques, que dis-je, mes organes éclatés (rate, vessie), mes os brisés [...]) (*VN*, p. 119).

Entre les poncifs de l'aigle, qui servent de repoussoir au discours de « Wittig », et les reproches de Manastabal, qui lui servent de tremplin, les contestations des « âmes damnées » permettent de jauger les propos de « Wittig ». De la sorte, Monique Wittig orchestre le territoire discursif de son œuvre autour d'un discours subversif, plutôt qu'en marge du discours dominant. De même que « Wittig » tente de nommer, à l'intérieur de l'œuvre, un nouveau paradis avec les mots des « anges » rencontrés entre deux cercles de l'enfer – « je cherche parmi eux les mots pour te dire et au moyen desquels te donner forme une fois pour toutes » (*VN*, p. 65) –, de même, Monique Wittig construit une nouvelle perspective sur le monde en « recartographiant », sur le mode ludique, le système discursif ambiant.

La représentation d'un rapport dialogique entre un personnage d'auteur et des protagonistes transgresse l'« autorité » que confère d'emblée aux écrivains le système de pouvoir qui diffuse leurs mots. Ce type de représentation relativise « le poids des mots » pour laisser le lecteur seul maître de son jugement. En optant pour la parodie, Monique Wittig ne cherche pas à convaincre son lectorat, mais à le séduire. L'aura attachante du Quichotte qu'elle confère au sujet lesbien invite le lecteur à réinventer le monde dans lequel il vit avec lui, car, comme l'écrit Ross Chambers : « Ce qui m'influence [...] change "ma" perception de ce qui est désirable, et par le fait même [...] ma "production du réel". »

*L'articulation de la parole dans le contre-texte*

Les romans de Monique Wittig s'inscrivent, on vient de le voir, dans la lignée des œuvres dialogiques qui subvertissent le « discours dominant » en tant que « réseau de pratiques et de suppositions qui structurent [...] la vie sociale ». Toutefois, ils prennent moins le contre-pied systématique de ce discours ou s'efforcent moins de l'aménager (suivant les définitions du « contre-discours » et du « texte oppositionnel » données respectivement par Richard Terdiman et par Ross Chambers) qu'ils ne représentent ses limites et ses biais afin de mettre en forme un point de vue sémantiquement et structurellement dissident sur le monde.

À cet égard, la question du « sujet » et de son rapport à la réalité est évidemment centrale. Sur ce point, le travail de Monique Wittig s'apparente étroitement à celui de l'initiatrice du Nouveau Roman, Nathalie Sarraute, ce que pressent Françoise Armengaud lorsqu'elle écrit :

> Chez Nathalie Sarraute – comme chez Monique Wittig – la contestation est double : elle concerne d'une part et d'abord les formes artistiques, d'autre part, et parallèlement, ce que l'on fait « habituellement » passer pour la réalité (processus qui par lui-même produit des effets réels), à savoir cette espèce de certificat consensuel de réalité accordé (ou refusé) par la société [à chaque individu][94].

---

94. Françoise Armengaud, *op. cit.*, p. 42.

Toutefois, Monique Wittig, contrairement à Nathalie Sarraute, ne traque pas ces infimes mouvements, baptisés « tropismes », qui traversent la conscience de ses protagonistes et se manifestent par des ruptures dans leurs discours (pauses soudaines, hésitations, inflexions de la voix, réflexions intérieures). La représentation de ces « sous-conversations », rendue possible par la prolifération des voix narratives, permet à la romancière de lézarder le mur des conventions discursives, des clichés. Ce faisant, remarque Monique Wittig dans l'un des essais qu'elle consacre à l'œuvre de cet auteur, Nathalie Sarraute combat toute « réduction du *je* à un dénominateur commun[95] », c'est-à-dire à un type figé.

Poursuivant sa réflexion, Monique Wittig qualifie le phénomène communicationnel auquel s'attache Nathalie Sarraute d'« interlocution » en se référant à l'étymologie latine de ce terme, *interloqui,* qui signifie « couper la parole[96] ». En fait, son analyse du travail de Nathalie Sarraute met en relief une de ses dimensions majeures, qui est de rendre visible la violence que recouvrent les pratiques discursives courantes. Dans un commentaire sur ses propres œuvres, Nathalie Sarraute a d'ailleurs souligné que « [c]e qui se passe derrière ces paroles anodines [qui forment le "langage commun"] est tout à fait l'équivalent, si on veut, sur un autre plan, d'un viol, d'une très forte agression[97] ». En ce sens, elle met en scène la forme de contrainte que représente le discours dominant pour la majorité des locuteurs. C'est du moins la conclusion à laquelle arrive Françoise Armengaud :

> En somme, Sarraute donne voix à la protestation muette du multiple, des multiples, de l'invisible, des invisibles, des inaudibles, et

---

95. Monique Wittig écrit : « [L]e paradis du contrat social n'existe que dans la littérature où les tropismes, par leur violence, sont à même de contrer toute réduction du *je* à un dénominateur commun, de faire craquer le tissu serré des lieux communs et d'empêcher sans cesse leur organisation en système de sens forcé », « Le lieu de l'action », p. 100.
96. « [S]on sens dérive de *interrompre*, c'est-à-dire *couper la parole* », *ibid.*, p. 69.
97. Nathalie Sarraute, *Nathalie Sarraute, qui êtes-vous ? Conversations avec Simone Benmussa*, p. 14.

par là même des non encore vus, des non encore entendus, des bâillonnés, des mutisés, des obscurcis, des garrottés[98].

Néanmoins, dans la mesure où les « voix » qui s'expriment dans les romans de Nathalie Sarraute sont encore inarticulées, elles restent entièrement dépendantes d'une instance narrative. En ce sens, elles demeurent interloquées, interdites, ou *dans* l'interdiction.

Monique Wittig s'attache spécifiquement, nous l'avons vu, à faire entendre la voix d'êtres qui n'ont pas la parole ou dont la parole ne peut s'inscrire qu'en porte-à-faux par rapport à l'ordre discursif dominant, tels les enfants, les féministes et les lesbiennes politiques. Ainsi, après le dévoilement, par Nathalie Sarraute, du *lieu d'élaboration d'une parole propre* que constitue la « sous-conversation », Monique Wittig se penche, pour sa part, sur les *modes d'articulation de cette parole* dans un « contre-texte ». Si ces modes l'amènent à disloquer ou à rompre beaucoup plus violemment que son aînée les discours ambiants, de manière à revoir le sens conféré au sujet et à son « usage de la parole[99] », ils l'incitent également à créer de nouvelles formes narratives à partir de pronoms dialogisés (le « on » fluctuant de *L'Opoponax* et le « (je) » ouvert de *Virgile, non*) ou d'une rotation des voix narratives (chacune des « elles » du « nous » dans *Les Guérillères*, « j/e » et « tu » dans *Le Corps lesbien*). Ces formes essentiellement inclusives favorisent l'émergence de dialogues entre êtres conscients, non seulement des enjeux qui sous-tendent leur rapport à « la » réalité, mais également de leur pouvoir de transformation de « cette » réalité.

La transgression des discours autoritaires dans l'œuvre de Monique Wittig s'articule étroitement à la mise en forme d'une perspective révolutionnaire sur le monde. Cette mise en forme s'opère par la dialogisation des pronoms utilisée pour subvertir ou élargir leur représentativité, pour mettre en

---

98. Françoise Armengaud, *op. cit.*, p. 44. L'auteur ajoute : « Ce que Sarraute nous donne, c'est d'abord une description de l'oppression qui s'exerce en général dans les relations verbales. »
99. Titre d'un ouvrage de Nathalie Sarraute (Paris, Gallimard, 1980).

procès, en d'autres termes, le sujet idéal ou monologique. La dialogisation du pronom indéfini, par exemple, abolit la frontière entre les personnes (« on » renvoie tout aussi bien à une qu'à plusieurs personnes), les « sexes » (« on » est indéfini) et les dimensions spatio-temporelles (« on » traverse les niveaux et les temps d'énonciation). De même, la dialogisation du « je » démantèle le *Sujet* égologique, auto-réflexif et auto-référentiel, et par conséquent l'*Autre* qu'il invente pour justifier son autorité. De la sorte, l'auteur peut représenter des personnages excentrés comme des sujets à part entière, c'est-à-dire universels, et ainsi rendre caduque la classification du Sujet et de l'Autre issue de la dialectique de Platon.

Outre la dialogisation du pronom indéfini et des pronoms de la personne, cette mise en forme d'une parole révolutionnaire passe par l'instauration de deux types de structures narratives, « ré/citationnelle » et « dé/citationnelle », qui participent chacune d'une dialogisation du point de vue narratif. Dans le premier cas, le récit de l'assimilation ironique de paroles plus ou moins autoritaires par des êtres en formation met en scène l'émergence de consciences individuelles et collectives critiques. Face aux tentatives de modelage des désirs et à la promotion des caractères sexuels en marqueurs d'essence par le discours dominant, les personnages choisissent de remettre en question ce discours plutôt que de sacrifier leurs élans et leurs aspirations. Dans le cas de la structure narrative « dé/citationnelle », l'articulation de discours intimes (amoureux) et publics (éthico-politiques) inédits par des « sujets modernes », c'est-à-dire des personnes engagées dans une action ou une réflexion personnelle, opère la destitution du discours dominant sans pour autant entraîner son remplacement par un autre discours hégémonique. En effet, les propos tenus par les personnages éminemment subversifs de l'auteur s'inscrivent dans le contexte de dialogues et de prises de conscience – c'est-à-dire de constantes transformations de (leur rapport à) la réalité – et non de luttes pour *le* pouvoir.

Parallèlement à l'hybridation systématisée de l'ensemble des genres littéraires, y compris le roman, Monique Wittig s'attaque donc aux systèmes grammatical, syntaxique et sémantique qui codifient l'inscription, dans la langue, des êtres et de leurs rapports, et elle élabore des dispositifs narratifs qui permettent aux personnages habituellement privés de voix d'accéder à la parole. En ce sens, nous pouvons définir le « contre-texte » comme un nouveau texte qui non seulement est dialogique, mais qui, en plus, donne accès au dialogue ; autrement dit, comme un texte qui ouvre à la locution (au sens étymologique de « parole »), au dire. Par sa mise au jour de la matérialité du langage et sa désacralisation de l'écriture, Monique Wittig ouvre donc un nouvel espace de formalisation du « vouloir-savoir », celui des blancs et des silences, de l'interdit.

# Épilogue

*Qui est assez fort pour oser être d'avant-garde et amoureux des anciens[1] ?*

*Une révolution romanesque digne de ce nom devrait donc, avant tout, rendre la parole à la langue, faisant du même coup apparaître, derrière la transparence du miroir, la matérialité du langage[2].*

Par son audacieuse exploitation des grandes stratégies subversives de l'intertextualité et de l'interdiscursivité, Monique Wittig conduit la forme romanesque traditionnelle à son point d'éclatement. Sur le plan intertextuel, sa convocation systématique de textes fondateurs, épiques et lyriques, neutralise les pôles génériques de l'architexte romanesque (personnages, styles, thèmes) qu'évoquent le « monde visible de l'action » et le « [monde] invisible de la vie intérieure »[3]. Outre cette hybridation *radicale* – qui dissout l'essentialisation des catégories données comme complémentaires ou opposées, telles celles de l'« action » et de la « passion » –, l'auteur élabore des montages intertextuels qui minent la structure plus ou moins lisse, linéaire et téléologique des récits romanesques canoniques comme le roman d'aventures ou le roman d'amour. Par cette hybridation *structurale*, Monique Wittig disloque l'instance d'articulation de la signification que représente le récit, pour en créer une seconde spécifiquement

---

1. Francis Ponge, *Pour un Malherbe*, p. 23.
2. Sylvère Lotringer, « Une révolution romanesque », *Nouveau Roman : hier et aujourd'hui*, (dir. Jean Ricardou et Françoise van Rossum-Guyon), p. 327.
3. « Le moment arriva [...] où le roman, dans sa quête du moi, dut se détourner du monde visible de l'action et se pencher sur l'invisible de la vie intérieure », Milan Kundera, *L'Art du roman*, p. 36.

« lacunaire[4] », c'est-à-dire formellement ouverte à l'interprétation interactive.

De même, sur le plan interdiscursif, les encerclements ou refoulements ironiques, dans les marges du texte, des voix autoritaires ou simplement familières par des voix habituellement secondaires ou absentes – celles, le plus souvent édulcorées ou caricaturées, d'enfants, de « battantes » ou de lesbiennes –, abolissent les catégories dialectiques du Sujet et de l'Autre qui caractérisent le roman traditionnel où l'auteur est souverain. Pour faire sortir ces nouvelles voix du silence ou des discours stéréotypés dans lesquels elles ont été confinées, Monique Wittig doit s'engager dans un corps à corps formel, non seulement avec les discours en tant que tels, mais également avec les mots et la grammaire, c'est-à-dire avec la langue même en tant que discours cristallisé. Ce combat, qui traduit le processus complexe d'inscription d'un point de vue inédit dans le texte, entraîne la dialogisation des pronoms et des structures narratives monologiques et favorise l'émergence de véritables dialogues entre des protagonistes que plus rien ne distingue des instances narratives ou auctoriales.

En somme, la stratégie intertextuelle et la stratégie dialogique auxquelles recourt l'auteur subvertissent la philosophie idéaliste (la dialectique de Platon) et son binarisme conceptuel (l'*Organon* d'Aristote) qui, encore aujourd'hui, continuent de forger nos représentations des êtres humains, de leurs relations et de leurs modes de pensée (polarisation, essentialisation, hiérarchisation, etc.).

---

4. Monique Wittig utilise elle-même cet adjectif emprunté au vocabulaire de la minéralogie pour qualifier son œuvre : « Appliquée à l'écriture littéraire cette désignation indique pour moi le fait de créer des intervalles, de trouer la phrase au niveau grammatical, de déstabiliser l'ordre convenu du discours », « Quelques remarques sur *Les Guérillères* », p. 116.

## Le contre-texte : la formalisation d'un « vouloir-savoir[5] »

Le choix du terme « contre-texte » pour désigner les œuvres qui surgissent de l'articulation des deux grandes stratégies susmentionnées souligne que Monique Wittig y subvertit, au-delà de la forme romanesque, l'ensemble des ouvrages et des discours antérieurs que cette forme accueille. C'est d'ailleurs parce que le roman est, par définition, pluristylistique, et en ce sens, plus apte à évoquer le grand texte de la culture occidentale, que l'auteur le prend pour cible principale. Ce choix se justifie d'autant plus que le roman a désormais acquis le statut de genre dominant, comme le rappelle Mikhaïl Bakhtine : « Devenu le maître, il contribue au renouveau de tous les autres genres, il les contamine par sa propre évolution, son propre inachèvement[6]. »

C'est pourquoi, sur le plan du contenu, le contre-texte congédie la « quête du moi [visible ou invisible][7] » qui définit historiquement le roman. Ce qui intéresse avant tout Monique Wittig, en effet, ce n'est pas l'exploration du « moi » à partir d'une perspective intérieure ou extérieure (ce que les nouveaux romanciers eux-mêmes ont fait en s'attachant à saisir, au sein de « sous-conversations » par exemple, un « je » qui ne soit pas réductible à un dénominateur commun, ou encore en dépeignant la « situation de l'homme [contemporain] dans le monde[8] ») mais ce qui sous-tend cette exploration, c'est-à-dire l'état d'être au monde en tant que « pouvoir connaître ». Car il ne peut y avoir d'être sans liberté de penser : « Ne pas avoir accès au savoir, rappelle Michèle Le Dœuff, c'est forcément être dans la dépendance intellectuelle et morale de quelqu'un[9]. » En ce sens, après l'ère du soupçon et du regard phénoménologique – également contestataires vis-à-vis du roman traditionnel – le contre-texte inaugure, dans l'œuvre

---

5. J'emprunte cette expression à Michèle Le Dœuff qui l'emploie dans son analyse du mythe originel, *Le Sexe du savoir*, p. 72.
6. Mikhaïl Bakhtine, *Esthétique et Théorie du roman*, p. 444-445.
7. Voir Milan Kundera, *op. cit.*, p. 36.
8. Alain Robbe-Grillet, *op. cit.*, p. 148.
9. Michèle Le Dœuff, *op. cit.*, p. 79.

de Monique Wittig tout au moins, une ère de l'enquête *cognitive*.

Celle-ci débute par la mise au jour décapante de structures telles que les institutions et les mythes au sens large du terme qui président, ou non, à l'acquisition des connaissances, cette mise au jour passant notamment par un repérage des réactions de la conscience fluctuante et détachée des personnages en période d'« apprentissage », aux textes et aux « on dit ». Puis, l'enquête prend pour objet le savoir résiduel habituel des œuvres et des discours, leurs blancs et leurs silences, en substituant à la perspective traditionnelle un point de vue jusque-là censuré, en l'occurrence celui de personnages lesbiens, non parce qu'ils renverraient à une essence particulière, distincte ou non d'une essence masculine ou féminine, mais parce qu'ils refusent l'économie symbolique qui sous-tend ces catégories métaphysiques. Le point de vue dont il s'agit ici n'est pas celui d'êtres sexués, mais celui d'êtres décatégorisés, « démarqués ». En ce sens, le sexe biologique n'a d'importance que dans la mesure où il a signifié, dans la culture européenne, une mise à l'écart du savoir d'un groupe d'individus par un autre :

> Le mythe du péché originel survit dans les discours qui prônent pour les femmes une existence loin des efforts intellectuels [...] l'on est passé d'une interdiction du vouloir-savoir pour tout le monde à une version résiduelle de l'interdit, pour les femmes seulement[10].

C'est dans la formalisation d'une enquête cognitive indépendante, c'est-à-dire susceptible de repérer les failles d'un système de transmission et de production des connaissances, et, partant, de combattre la clôture du sens, que réside ce qu'il y a de plus fondamentalement subversif dans l'œuvre wittigienne. En effet, comme le souligne encore Michèle Le Dœuff, « dans l'univers culturel dont nous héritons, une idée – peut-être de l'ordre de la pure croyance, peut-être de

---

10. *Ibid.*, p. 71. L'auteur cite de nombreux exemples de commentaires qui viennent consolider cette censure, tel celui-ci de Luce Irigaray : « La femme qui s'approchera du théorique perdra sa jouissance », *ibid.*, p. 14.

l'ordre des principes généraux [...] – assure que vouloir connaître par soi-même et sans tutelle est une forme d'insubordination[11] ». Pour opérer cette formalisation d'un « vouloir-savoir » indépendant, il fallait mettre en relief, d'une part, les structures d'acquisition et de circulation des connaissances, et, d'autre part, leurs blancs et leurs silences.

## Les structures d'acquisition et de circulation du savoir

Monique Wittig donne forme aux structures d'apprentissage et de circulation des connaissances que sont l'école, la lecture, les groupes de discussion et le dialogue en les mettant en scène en tant que telles :

> Mademoiselle Doullier lui dit de s'asseoir de prêter attention à ce qu'elle est en train de dire. On entend que les passions ça ne veut pas dire uniquement [...] les choses qu'on subit comme l'étymologie l'indique. On entend que [...] poussée à l'extrême la passion peut devenir agissante par exemple la passion de connaître (*O*, p. 222).

Conformément à la hiérarchie des modes de savoir que propose Gabrielle Suchon (1631-1703) dans son *Traité de la morale et de la politique,* qui place l'esprit et les livres (ces dépositaires directs du savoir) au-dessus des Chaires et des Écoles, Monique Wittig privilégie surtout les modes actifs d'acquisition du savoir que sont la lecture et le dialogue.

Dans le premier cas, elle convoque donc une quantité phénoménale de textes variés, parmi lesquels figurent également des outils de référence tels que dictionnaires, grammaires, manuels et traités en tout genre (géographie, botanique, histoire, philosophie). Le savoir réservé est ainsi discrètement intégré au contre-texte et remis en circulation. La juxtaposition, le chevauchement, la superposition et la recontextualisation de formes porteuses de visions et de concepts distincts mettent en jeu des opérations logiques comme la comparaison, l'association, la synthèse et la transposition, qui permet-

---

11. *Ibid.*, p. 68-69.

tent de saisir les textes les uns par rapport aux autres et chacun au sein de l'ensemble dont il contribue à dessiner les contours.

Pour ce qui est du dialogue, Monique Wittig met en présence des personnages ou des groupes de personnages qui ne partagent pas le même point de vue sur la réalité ou qui se voient confrontés aux limites du système de représentation existant pour articuler leur position. Dans la mesure où chacun des interlocuteurs ou des groupes d'interlocuteurs tente malgré tout cette articulation, il acquiert un regard critique qui lui permet de se constituer un « savoir pour soi[12] » :

> Elles disent qu'elles n'ont pas à puiser leur force dans des symboles. [...] Elles disent qu'il faut alors cesser d'exalter les vulves. Elles disent qu'elles doivent rompre le dernier lien qui les rattache à une culture morte. Elles disent que tout symbole qui exalte le corps fragmenté est temporaire, doit disparaître (*G*, p. 102).

Autrement dit, cet interlocuteur ou ce groupe d'interlocuteurs accède à la pensée (indépendante), c'est-à-dire à l'« être » : « Penser (être), écrit Francis Jacques, c'est être capable d'entrer en relation [égalitaire] et de s'y maintenir envers et contre tout[13]. » De même que les textes sont mis en jeu, de même les discours sont re/présentés et distanciés.

Tant dans le cas de l'intertextualité que dans celui de l'interdiscursivité, la parole est rendue à la langue. En tant qu'unités sonores, graphiques et abstraites, les mots sont en effet assimilés à une matière première susceptible d'être remodelée. Le terme « opop*a*nax », par exemple, devient « opop*o*nax ». De nouveaux mots sont inventés, comme celui de « guérillères ». Des infractions aux règles grammaticales et à celles de la ponctuation sont commises. Surtout, Monique Wittig recourt à l'utopie – ce « laboratoire d'idées qui se réfléchissent et testent leur cohérence dans l'espace de la page où un discours déploie ses attendus[14] ». De la sorte,

---

12. Terme de Gabrielle Suchon, cit. dans *ibid.*, p. 77.
13. Cité par Jean-Louis Dumas, *Histoire de la pensée. Philosophies et philosophes*, p. 396.
14. *Ibid.*, p. 308.

elle élargit les structures d'acquisition et de circulation du savoir et y inclut la matérialité même du langage.

Dans *L'Opoponax,* par exemple, Monique Wittig crée non seulement une « zone libre » dans laquelle « les jeunes enfants peuvent grandir hors des confins de la différence sexuelle socialisée et rigidifiée », mais également une nouvelle école où l'on offre des « leçons de choses » hors des quatre murs d'une classe et où les mots sont spécifiquement donnés à entendre ou à voir : « L'écriture est bizarre faite avec des cercles et des angles aigus, on peut à peine la lire. On voit qu'elle est peinte au vermillon » (*O*, p. 230-231). Dans *Les Guérillères,* tous les mots sont passés au crible pour que de nouveaux livres de référence soient produits : « La nouvelle est parvenue de l'assemblée qui compose le dictionnaire. L'exemple proposé pour illustrer le mot haine a été rejeté » (*G*, p. 106).

En somme, le texte et la parole s'interpellent à tel point que leurs frontières s'estompent. Tandis que l'écriture se fait orale par la simplicité de la langue, le ton, les expressions empruntées au langage parlé et les voix narratives affichées – « On dit », « Elles racontent que », « J/e m//interroge dans le silence » (*CL*, p. 31) –, les dialogues, eux, se font discrètement savants, interrogateurs vis-à-vis des structures du savoir : « Qu'est-ce que c'est un pays, c'est où on est, et où on n'est pas c'est pas un pays dis, non » (*O*, p. 15). Monique Wittig redonne ainsi la parole à la langue, en tant que forme susceptible d'articuler même ce qu'elle ne dit pas, ce qui n'a pas encore été dit. Par sa mise au jour de la matérialité du langage et sa désacralisation de l'écriture, elle ouvre donc un nouvel espace de formalisation du « vouloir-savoir », celui des blancs et des silences.

## L'articulation des blancs et des silences

La mise en forme de l'innommé des œuvres et des discours s'effectue tant sur le plan de l'écriture comme telle de Monique Wittig que sur celui de son support physique, à savoir l'espace blanc du papier qui encadre les îlots de mots constituant le texte principal des œuvres ou le coupant à intervalles[15]. De fait, par son importance, cet espace, ce blanc matérialise visuellement le « non dit », lui donne une présence concrète dans la page, l'exprime en quelque sorte.

Au sein de l'écriture comme telle des textes, les lacunes sont évoquées, nous l'avons vu, par les interruptions qu'opère la présence de nombreux intertextes dans l'œuvre, ainsi que par l'absence de guillemets ou de tirets délimitant les dialogues. Elles sont également manifestes dans les violations sémantiques (élimination progressive des mots « femmes » et « hommes », par exemple) et syntaxiques – « j/e te suis j/e te viens j/e t'approche » (p. 10) – qui hachurent la phrase. Enfin, on les retrouve aussi dans la quasi-disparition des virgules « qui coup[ent] visuellement le discours pour en permettre la lecture[16] », c'est-à-dire l'interprétation.

En intégrant ces lacunes dans le cadre du texte, Monique Wittig non seulement crée des livres explicitement inachevés, mais elle invite le lecteur à dépister l'inachèvement (caché) des œuvres et à l'interpréter suivant son propre point de vue sur le monde. Autrement dit, elle l'appelle à interagir avec ces œuvres, comme elle le fait elle-même, et à porter attention à leur facture. En élargissant ainsi le cadre de l'œuvre à l'innommé, elle place son lectorat en position de s'approprier le livre, de le démythifier.

Un autre élément relatif aux blancs du texte même des œuvres tient à l'émergence de personnages inédits, telles des petites filles et des guerrières non seulement combatives, mais rebelles à l'ordre établi. La présence de ces personnages inédits fait ressortir, en négatif, leur occultation au sein de la culture occidentale. La représentation de sujets de sexe féminin physiquement et intellectuellement prêts à défendre leur liberté d'action et de passion ne s'inscrit pas « dans le champ d'action de la *loi prévoyant sa transgression* », contrairement, par exemple, à la « pseudo-transgression dont témoi-

---

15. On notera également la présence, au milieu de trois pleines pages des *Guérillères*, d'autant de grands cercles noirs.
16. Claude Gruaz, « La ponctuation, c'est l'homme... », p. 121 ; Gruaz précise en effet que, dans l'œuvre de Monique Wittig, « [l]a ponctuation est plus outil de lecture que vecteur de signification ».

gne une certaine littérature moderne "érotique" [...] se voulant libertine »[17].

Sur le plan intertextuel, la lesbianisation parodique de ces nouvelles rebelles entraîne le dé-marquage de l'ensemble des personnages de la littérature européenne. Isis rassemble les morceaux d'Osiris dispersés et lui fabrique un nouveau sexe, Christa meurt et renaît dans un Corps lesbien qui donne la vie « éternelle », le personnage de Manastabal (« Virgile ») guide « Wittig » (« Dante ») dans sa traversée des enfers de la vie sur terre pour les âmes damnées. Même les anges et les voleuses de grand chemin « en » sont.

En ce sens, non seulement la place faite aux blancs et aux silences dans le texte renforce l'interaction de toutes les œuvres et de tous les discours ainsi placés sur un pied d'égalité, mais elle favorise la participation critique du lecteur à l'œuvre. Celui-ci peut désormais s'identifier plus facilement à tous les personnages et jouir ainsi de la position de tiers *gaudens*, de découvreur/commentateur de la structure textuelle. En tant que tel, il peut tenter de retrouver la perspective du sujet de l'énonciation, en s'associant au « on » fluctuant, au « elles » en transformation, au « j/e » ouvert et au (je) en dialogue. Dès lors, il devient multiple, varié, insaisissable et quitte réellement la posture dialectique du Sujet ou la posture romantique de l'Autre pour accéder à celle de sujet décloisonné, en perpétuelle évolution et situé à l'exacte frontière du personnel et de l'historique, là où discours et textes, réalité et fiction, se superposent.

En formalisant l'hybridation du roman, Monique Wittig restitue ce genre dominant dans le cadre d'un nouveau texte qui dialogise jusqu'aux pronoms et aux structures narratives afin de subvertir définitivement l'objectivation des personnages, quels qu'ils soient. Enquête cognitive, ce nouveau texte décloisonne les frontières littéraires et conceptuelles en combinant les deux grandes stratégies de la subversion que sont l'intertextualité et l'interdiscursivité.

---

17. Julia Kristeva, *Sèméiôtikè*, p. 91.

À la lumière de cette étude, le contre-texte apparaît donc comme une forme littéraire d'un nouvel ordre que Monique Wittig crée pour *contrer* l'ensemble des textes précédents. Il formalise un « vouloir-savoir » qui met spécifiquement en relief les structures d'acquisition et de circulation des connaissances, ainsi que les blancs et les silences du grand texte occidental. Lui-même lacunaire, il invite au dialogue en redonnant la parole à la langue. Aussi révolutionnaire, sur la scène narrative, que les pièces « distanciées » de Bertolt Brecht le sont au théâtre, il offre au lecteur « une forme ouverte, non achevée sur laquelle [celui-ci] peut exercer sa critique, agir[18] ».

---

18. Monique Wittig, « Quelques remarques sur *Les Guérillères* », p. 116.

# Bibliographie

*ŒUVRES ROMANESQUES DE MONIQUE WITTIG*

L'*Opoponax*, Paris, Minuit, 1964, 282 p.
*Les Guérillères*, Paris, Minuit, 1969, 208 p.
*Le Corps lesbien*, Paris, Minuit, 1973, 188 p.
*Virgile, non*, Paris, Minuit, 1985, 139 p.

*AUTRES ŒUVRES ET ARTICLES DE MONIQUE WITTIG*

« On ne naît pas femme », *Questions féministes*, n° 8, mai 1980, p. 75-84.
« Postface » à *La Passion* de Djuna Barnes, Paris, Flammarion, 1982, 123 p.
« Le lieu de l'action », *Digraphe*, n° 32, 1984, p. 69-75.
« Le cheval de Troie », *Vlasta*, n° 4, 1985, p. 36-41.
« Le voyage sans fin », *Vlasta*, supplément au n° 4, 1985, 52 p.
*The Straight Mind and Other Essays*, Boston, Beacon Press, 1992, 110 p. [*La Pensée straight*, trad. par Marie Hélène Bourcier, Paris, Balland, 2001, 157 p.]
« Quelques remarques sur *Les Guérillères* », *L'esprit créateur*, vol. XXXIV, n° 4, hiver 1994, p. 116-122.
Avec Sande ZEIG, *Brouillon pour un dictionnaire des amantes*, Paris, Grasset, 1976, 252 p.

*ÉTUDES CRITIQUES SUR MONIQUE WITTIG*

ARBOUR, Kathryn M., *French Feminist Re-Visions : Wittig, Rochefort, Bersianik and D'Eaubonne Re-Write Utopia*, thèse doctorale, Université du Michigan, 1984, 207 p.
BOURQUE, Dominique, « De l'intertextualité mythique dans *Le Corps lesbien* de Monique Wittig », thèse de maîtrise, Université d'Ottawa, 1994, 133 p.
ÉCARNOT, Catherine, *L'Écriture de Monique Wittig. À la couleur de Sappho*, Paris, L'Harmattan, 2002, 223 p.

HEWITT, Leah D., *Autobiographical Tightropes*, Lincoln, University of Nebraska Press, 1990, 259 p.

JARDINE, A. A. et A. M. MENKE, « Monique Wittig », *Shifting Scenes : Interviews on Women, Writing and Politics in Post-68 France*, New York, Columbia University Press, 1991, 213 p.

LAILLOU SAVONA, Jeannelle, « Monique Wittig », *Feminist Writers* (dir. P. Kester-Shelton), London, St. James Press, 1996, 641 p.

MARKS, Elaine, « Lesbian Intertextuality », *Homosexualities and French Literature. Cultural Contexts/Critical Texts* (dir. G. Stambolian et E. Marks), Ithaca and London, Cornell University Press, 1979, p. 353-377.

MCCARTHY, Mary, « L'enfance de tout le monde », *Suspendu à un fil et Autres Essais littéraires* (trad. A. Levi), Paris, Laffont, 1974, p. 135-147.

OSTROVSKY, Erika, *A Constant Journey. The Fiction of Monique Wittig*, Carbondale and Edwardsville, Southern Illinois University Press, 1991, 199 p.

– « A Cosmogony of O : Wittig's *Les Guérillères* », *Twentieth-Century French Fiction* (dir. G. Stambolian), New Brunswick (New Jersey), Rutgers University Press, 1975, p. 241-251.

SHAKTINI, Namascar, « A Revolutionary Signifier : The Lesbian Body », *Lesbian Texts and Contexts* (dir. K. Jay et J. Galsgow), New York, New York University Press, 1990, p. 291-303.

SULEIMAN, Susan, *Subversive Intent : Gender, Politics, and the Avant-Garde*, Cambridge, Harvard University Press, 1990, 276 p.

**Articles**

ARMENGAUD, Françoise, « La contestation des conventions du discours chez Nathalie Sarraute et chez Monique Wittig », *Nouvelles Questions féministes*, vol. XIX, n° 1, février 1998, p. 35-64.

Auteur anonyme, « Butch Telegraph », *Times Literary Supplement*, 4 janvier 1974, p. 5.

BEAUMAN, Sally, « Les Guérillères », *The New York Times Book Review*, 10 octobre 1971, p. 5 et p. 14.

COPE, Karin, « Plastic Actions : Linguistic Strategies and *Le Corps lesbien* », *Hypatia*, n° 3, automne 1991, p. 74-96.

DURAS, Marguerite, « Une œuvre éclatante », *France Observateur*, n° 757, 5 novembre 1964, p. 18-19.
FROULA, Christine, « Hell (and Heaven) on Earth », *The Women's Review of Books*, vol. V, n° 8, mai 1988, p. 11.
GRUAZ, Claude, « La ponctuation, c'est l'homme... Emploi des signes de ponctuation dans cinq romans contemporains », *Langue française*, n° 45, février 1980, p. 113-125.
HITE, Molly, « Writing – and Reading – the Body : Female Sexuality and Recent Feminist Fiction », *Feminist Studies*, vol. XIV, n° 1, printemps 1988, p. 121-142.
LAILLOU SAVONA, Jeannelle, « Lesbian on the French Stage », *Modern Drama*, printemps 1996, p. 132-159.
MARINI, Marcelle, « Enfance en archipels : *L'Opoponax* de Monique Wittig », *Revue des sciences humaines*, tome LXXXXVI, n° 222, avril-juin 1991, p. 143-159.
OPPENHEIM, L., « The Ontology of Language in a Post-Structuralist Feminist Perspective : Explosive Discourse in Monique Wittig », *Poetics of the Elements in the Human Condition* (dir. par A.-T. Tymienicka), 1988.
PORTER, Laurence M., « Writing Feminism : Myth, Epic and Utopia in Monique Wittig's *Les Guérillères* », *L'Esprit créateur*, n° 3, automne 1989, p. 93-101.
RAWSON, C. J., *Cannibalism and Fiction* : « Reflections on Narrative Form and "Extreme" Situations », *Genre*, vol. XI, n° 2, été 1978, p. 227-313.
ROSENFELD, Marthe, « Vers un langage de l'utopie amazonienne : *Le Corps lesbien* de Monique Wittig », *Vlasta*, n° 4, juin 1985, p. 55-62.
SHAKTINI, Namascar, « Le déplacement du sujet phallique : l'écriture lesbienne de Monique Wittig », *Vlasta*, n° 4, juin 1985, p. 65-78.
SIMON, Claude, « Pour Monique Wittig », *L'Express*, n° 702, 30 nov./6 déc. 1964, p. 69-70.
WENZEL, Hélène Vivienne, « The Text as Body/Politics : An Appreciation of Monique Wittig's Writings in Context », *Feminist Studies*, vol. VII, n° 2, été 1981, p. 264-287.
ZERILLI, Linda, « The Trojan Horse of Universalism : Language as "War Machine" in the Writings of Monique Wittig », *Social Text*, n° 25-26, 1990, p. 146-170.

## OUVRAGES THÉORIQUES

**Intertextualité**

GENETTE, Gérard, *Palimpsestes. La littérature au second degré*, Paris, Le Seuil, 1982, 576 p.
JENNY, Laurent, « Sémiotique du collage intertextuel ou la littérature à coups de ciseaux », *Revue d'esthétique*, n° 3-4, 1978, p. 165-182.
– « La stratégie de la forme », *Poétique*, n° 27, 1976, p. 257-281.
KRISTEVA, Julia, *La Révolution du langage poétique. L'avant-garde à la fin du XIX$^e$ siècle : Lautréamont et Mallarmé*, Paris, Le Seuil, 1974, 643 p.
– *Le Texte du roman. Approche sémiologique d'une structure discursive transformative*, Paris, Thomas A. Sebeok, 1970, 284 p.
– *Sèméiôtikè. Recherches pour une sémanalyse*, Paris, Le Seuil, 1969, 318 p.
LAMONTAGNE, André, *Les Mots des autres. La poétique intertextuelle des œuvres romanesques de Hubert Aquin*, Québec, Presses de l'Université de Laval, 1992, 311 p.
PIÉGAY-GROS, Nathalie, *Introduction à l'intertextualité*, Paris, Dunod, 1996, 186 p.
RIFFATERRE, Michael, « La trace de l'intertexte », *La Pensée française*, n° 215, oct. 1980, p. 4-18.

**Dialogisme**

BAKHTINE, Mikhaïl, *Esthétique de la création verbale* (trad. Alfreda Aucouturier), Paris, Gallimard, 1984, 402 p.
– *Esthétique et Théorie du roman*, Paris, Gallimard, 1993, 489 p.
– *La Poétique de Dostoïevski* (trad. I. Kolitcheff), Paris, Le Seuil, 1970, 347 p.
CHAMBERS, Ross, *Room for Maneuver. Reading (the) Oppositional (in) Narrative*, Chicago, The University of Chicago Press, 1991, 291 p.
CLARK, Katerina et Michael HOLQUIST, *Mikhail Bakhtin*, Cambridge, Harvard University Press, 1986, 416 p.
MÜNSTER, Arno, *Le Principe dialogique. De la réflexion monologique vers la pro-flexion intersubjective*, Paris, Kimé, 1997, 161 p.
SANGSUE, Daniel, *La Parodie*, Paris, Hachette, 1994, 106 p.

TERDIMAN, Richard, *Discourse/Counter-Discourse. The Theory and Practice of Symbolic Resistance in Nineteenth-Century France*, Ithaca et Londres, Cornell University Press, 1985, 350 p.
TODOROV, Tzvetan, *Mikhaïl Bakhtine. Le principe dialogique*, Paris, Le Seuil, 1981, 320 p.

*AUTRES OUVRAGES ET ARTICLES CONSULTÉS*

ANGENOT, Marc, *Le Cru et le Faisandé. Sexe, discours social et littérature à la Belle Époque*, Bruxelles, Éditions Labor, 1986, 202 p.
BAL, Mieke, *Narratalogie. (Essais sur la signification narrative dans quatre romans modernes)*, Paris, Klimsieck, 1977, 199 p.
BARTHES, Roland, *Le Degré zéro de l'écriture*, Paris, Le Seuil, 1972, 190 p.
– *Mythologies*, Paris, Le Seuil, 1970, 252 p.
BAUDELAIRE, Charles, *Œuvres complètes* (dir. Y.-G. Le Dantec et Cl. Pichois), t. II, Paris, Gallimard, « La Pléiade », 1961, 1712 p.
BEAUVOIR, Simone de, *Le Deuxième Sexe*, Paris, Gallimard, 1949, t. I (395 p.) et t. II (580 p.).
BENVENISTE, Émile, *Problèmes de linguistique générale*, Paris, Gallimard, 1966, 356 p.
BONNARD, André, *De l'Iliade au Parthénon*, Paris, Union Générale d'Éditions, 1963, 312 p.
BONNET, Marie-Jo, *Les Relations amoureuses entre les femmes*, Paris, Odile Jacob, 1995, 416 p.
– *Un choix sans équivoque*, Paris, Denoël, 1981, 295 p.
CERTEAU, Michel de, *Arts de faire. L'invention du quotidien*, Paris, Union Générale d'Éditions, 1980, 297 p.
CHKLOVSKI, Victor, *Sur la théorie de la prose* (trad. G. Verret), Lausanne, L'Age d'homme, 1973, 300 p.
DELEUZE, Gilles et Félix GUATTARI, *Kafka. Pour une littérature mineure*, Paris, Minuit, 1975, 160 p.
DESCOMBES, Vincent, *Le Même et l'Autre. Quarante-cinq ans de philosophie française*, Paris, Minuit, 1986, 224 p.
DUMAS, Jean-Louis, *Histoire de la pensée*, t. I, *Philosophie et philosophes*, Paris, Tallandier, 1990, 512 p.
EAGLETON, Terry, *Critique et Théorie littéraires*, Paris, PUF, 1994, 228 p.

– *Marxism and Literary Criticism*, Berkeley, University of California Press, 1976, 87 p.

EVANS, Martha Noel, *Masks of Tradition. Women and the Politics of Writing in Twentieth-Century France*, Ithaca et Londres, Cornell University Press, 1987, 232 p.

FADERMAN, Lillian, *Chloe plus Olivia*, New York, Viking, 1994, 812 p.

GRAVES, Robert, *Les Mythes grecs*, Paris, Fayard, 1967, t. I (428 p.) et t. II (446 p.).

GROULT, Benoîte, *Cette mâle assurance*, Paris, Albin Michel, 1993, 291 p.

GUILLAUMIN, Colette, *Sexe, Race et Pratique du pouvoir. L"idée de nature*, Paris, côté-femmes, 1992, 239 p.

HEGEL, *Esthétique*, Paris, Aubier-Montaigne, 1995, 443 p.

JAUSS, Hans Robert, « Littérature médiévale et théorie des genres », *Théories des genres* (dir. G. Genette), Paris, Le Seuil, 1986, 305 p.

KATZ, Jonathan Ned, *The Invention of Heterosexuality*, New York, Dutton, 1995, 291 p.

KUNDERA, Milan, *L'Art du roman*, Paris, Gallimard, 1986, 198 p.

LAROCHELLE, Gilbert, *Philosophie de l'idéologie. Théorie de l'intersubjectivité*, Paris, PUF, 1995, 274 p.

LE DŒUFF, Michèle, *Le Sexe du savoir*, Paris, Aubier, 1998, 380 p.

MADELÉNAT, Daniel, *L'Épopée*, Paris, PUF, 1986, 264 p.

MALLARMÉ, *Œuvres complètes* (dir. H. Mondor et G. Jean-Aubray), Paris, Gallimard, « La Pléiade », 1945, p. 646.

MATHIEU, Nicole-Claude, *L'Anatomie politique. Catégorisations et idéologies de sexe*, Paris, côté-femmes, 1991, 291 p.

MORA, Édith, *Sappho. Histoire d'un poète et traduction intégrale de l'œuvre*, Paris, Flammarion, 1966, 462 p.

NOIZET, Pascale, *L'Idée moderne d'amour. Entre sexe et genre : vers une théorie du sexologème*, Paris, Kimé, 1996, 260 p.

PONGE, Francis, *Pour un Malherbe*, Paris, Gallimard, 1965, 335 p.

RICARDOU, Jean, et Françoise van ROSSUM-GUYON (dir.), *Nouveau Roman : hier, aujourd'hui*, Paris, Union Générale d'Éditions, 1972, t. I (444 p.) et t. II (440 p.).

ROBBE-GRILLET, Alain, *Pour un nouveau roman*, Paris, [Minuit] Gallimard, [1963] 1972, 185 p.

SAÏD, Edward W., *L'Orientalisme. L'Orient créé par l'Occident*, Paris, Le Seuil, 1996, 393 p.

SARRAUTE, Nathalie, *L'Ère du soupçon*, Paris, Gallimard, 1956, 186 p.

SCARPETTA, Guy, *L'Âge d'or du roman*, Paris, Grasset, 1996, 342 p.
– « Le réflexe de réduction », *Théorie d'ensemble. Tel Quel*, Paris, Le Seuil, 1980, p. 297-304.
STAËL, Madame de, *De la littérature considérée dans ses rapports avec les institutions sociales*, Paris, Flammarion, 1991, 445 p.
THOORENS, Léon, *Panorama des littératures. Mésopotamie, Égypte, Palestine, Perse, Grèce*, Verviers, Gérard & C°, 1966, 320 p.
TODOROV, Tzvetan, *Théorie de la littérature. Textes des formalistes russes*, Paris, Le Seuil, 1966, 312 p.
WILLIAMS, Raymond, *Marxism and Literature*, Oxford et New York, Oxford University Press, 1992, 217 p.

**Articles**

CANTARELLA, Éva, « Les disciples de Sapho », *L'Histoire*, n° 221, mai 1998, p. 34.
DELPHY, Christine, « Penser le genre : quels problèmes ? », *Sexe et Genre. De la hiérarchie entre les sexes* (dir. M.-C. Hurtig, M. Kail, H. Rouch), Paris. Éditions du CNRS, 1991, p. 89-101.
KAIL, Michel, « La conscience est liberté. Une réflexion sur les apports de la philosophie féministe », *Le Devoir*, 26-27 juin 1999, p. D4.
LOTMAN, Iouri (en collaboration avec B. A. Ouspenski), « La conventionnalité dans l'Art », *Théories - Littérature - Enseignement*, Presses Universitaires de Vincennes, n° 13, automne 1995, 170 p.
MATHIEU, Nicole-Claude, « Sexe et genre », *Dictionnaire critique du féminisme* (dir. H. Hirata, F. Laborie, H. Le Doaré et D. Senotier), Paris, Puf, 2000, p. 195.
SARTRE, Maurice, « Les amours grecques : le rite et le plaisir », *L'Histoire*, n° 21, mai 1998, p. 30-36.

*HYPOTEXTES ET INTERTEXTES*

ARISTOTE, *Poétique*, Turin, Mille et une nuits, 1997, 93 p.
BAUDELAIRE, Charles, *Les Fleurs du mal*, Paris, Gallimard, 1991, 374 p.
BEAUMARCHAIS, *Le Mariage de Figaro*, Paris, Bordas, 1976, 192 p.
CERVANTÈS, Miguel de, *Don Quichotte*, Paris, Bookking International, t. I, 1996, 634 p.
DANTE, *La Divine Comédie*, Verviers, Gérard & C°, 1972, 474 p.

DESCARTES, René, *Discours de la méthode*, Paris, Bordas, 1988, 160 p.
HOMÈRE, *L'Iliade*, Paris, Gallimard, 1975, 505 p.
– *L'Odyssée*, Paris, Garnier-Flammarion, 1965, 380 p.
– *L'Iliade et l'Odyssée*, Paris, Gallimard, « La Pléiade », 1955, 1152 p.
LABÉ, Louise, *Œuvres complètes. Sonnets-Élégies, débat de folie et d'amour*, Paris, Flammarion, 1986, 283 p.
*La Bible de Jérusalem*, Paris, Cerf, 1973, 2172 p.
LACLOS, Choderlos de, *Œuvres complètes*, Paris, Gallimard, « La Pléiade », 1951, 917 p.
LEOPARDI, Giacomo, *Canti* (trad. F.-A. Aulard, J. Bertrand, P. Jaccottet et G. Nicole), Gallimard, 1982, 248 p.
MALLARMÉ, *Poésies*, Paris, Flammarion, 1989, 344 p.
MAO TSÉ-TOUNG, *Écrits militaires*, Pékin, Éditions en langues étrangères, 1969, 461 p.
OVIDE, *Les Métamorphoses*, Paris, Gallimard, 1992, 620 p.
RIMBAUD, Arthur, *Poésies*, Paris, Librairie Générale Française, 1984, 285 p.
SAPPHO, Poèmes (trad. Édith Mora), *Sappho : Histoire d'un poète et traduction intégrale de l'œuvre*, Paris, Flammarion, 1966, 462 p.
SARTRE, Jean-Paul, *Les Mouches*, Paris, Gallimard, 1947, 247 p.
SCÈVE, Maurice, *Délie. Objet de la plus haute vertu*, Paris, Gallimard, 1984, 357 p.

*OUVRAGES DE RÉFÉRENCE*

*Dictionnaire de l'Antiquité* (dir. M. C. Howatson), Laffont, 1993, 1066 p.
*Dictionnaire de la pensée politique*, Paris, Hatier, 1989, 853 p.
*Dictionnaire des genres et notions littéraires*, Paris, Encyclopaedia Universalis et Albin Michel, 1997, 920 p.
*Dictionnaire des symboles* (J. Chevalier et A. Gheerbrant), Paris, Robert Laffont et Jupiter, 1982, 1050 p.
*Dictionnary of Literary Terms and Literary Theory* (J. A. Cuddon), Londres, Penguin Books, 1991, 1051 p.
*Encyclopedia of Contemporary Literary Theory, Approaches, Scholars, Terms* (dir. I. R. Makaryk), Toronto, University of Toronto Press, 1993, 656 p.

*Guide to Women's Literature* (dir. C. Buck), Londres, Bloomsburry Publishing Ltd, 1992 (livre non paginé).
*La Littérature française de A à Z* (dir. C. Eterstein), Paris, Hatier, 1998, 480 p.
*Le Nouveau Dictionnaire des œuvres* (dir. G. Schoeller), Paris, Laffont-Bompiani, 1994, 6 tomes, 7682 p.
*The Woman's Encyclopedia of Myths and Secrets* (B. G. Walker), San Francisco, Harper & Row, 1983, 1124 p.

# Table des matières

*Prologue*     9

*I. La subversion intertextuelle*     27
    L'hybridation radicale : la transgression de l'architexte romanesque     33
       Le dé-marquage     42
       La restylisation     46
       Le métissage thématique     54
    L'hybridation structurale : la transgression des formes romanesques     60
       Le florilège ou l'anti-roman d'apprentissage     60
       Le montage intertextuel : le morcellement du récit romanesque     69
          1. La mêlée des textes ou l'abolition des catégories littéraires     70
          2. Le va-et-vient des mythes : un nouveau corps de Passion     74
          3. La recontextualisation hypertextuelle : l'émergence d'une nouvelle perspective     79
    Vers une définition du contre-texte     85

*II. La subversion dialogique*     89
    L'extension du dialogisme aux pronoms     96
       La dialogisation du pronom indéfini « on »     98
       La dialogisation des pronoms     101
    L'extension du dialogisme au point de vue narratif     106
       L'orchestration ré/citationnelle des voix     109
          1. L'assimilation généralisée du discours dominant     109
          2. L'assimilation sélective des discours     116
       L'élaboration d'un discours dé/citationnel     123
          1. La reformulation du sujet amoureux     124
          2. La reformulation du sujet politique     133
    L'articulation de la parole dans le contre-texte     143

*Épilogue*     149

*Bibliographie*     159

Ouvrages parus dans *Bibliothèque du féminisme*

. Marianne Camus et Françoise Rétif (dir.), *Lectures de femmes. Entre lecture et écriture.* 2002, 208 p.

. Natacha Chetcuti et Claire Michard (dir.), *Lesbianisme et féminisme. Histoires politiques.* 2003, 316 p.

. Thérèse Chotteau *et al.*, *Rencontres entre artistes et mathématiciennes. Toutes un peu les autres.* 2001, ouvrage illustré + cahier de 16 pages couleur, 184 p.

. Claude Cohen-Safir, *Cartographie du féminin dans l'utopie. De l'Europe à l'Amérique.* 2000, 208 p.

. Sonia Dayan-Herzbrun, *Femmes et politique au Moyen-Orient.* 2005, 162 p.

. Alisa Del Ré et Jacqueline Heinen (dir.), *Quelle citoyenneté pour les femmes ? La crise des Etats providence et de la représentation politique en Europe.* 1997, 320 p.

. Elsa Dorlin, *L'Évidence de l'égalité des sexes. Une philosophie oubliée du XVII$^e$ siècle.* 2001, 160 p.

. Catherine Écarnot, *L'Écriture de Monique Wittig. À la couleur de Sappho.* 2002, 226 p.

. Dominique Fougeyrollas-Schwebel, Christine Planté, Michèle Riot-Sarcey et Claude Zaidman (dir.), *Le Genre comme catégorie d'analyse. Sociologie, histoire, littérature.* 2003, 230 p.

. Françoise Gaspard (dir.), *Les Femmes dans la prise de décision en France et en Europe.* 1997, 224 p.

. Maud Gelly, *Avortement et contraception dans les études médicales. Une formation inadaptée,* 2006, 252 p.

. Annik Houel, *Le Roman d'amour et sa lectrice, histoire d'une passion. L'exemple Harlequin.* 1997, 160 p.

. Odile Krakovitch, Geneviève Sellier et Éliane Viennot (dir.), *Femmes de pouvoir : mythes et fantasmes.* 2001, 240 p.

. Rose-Marie Lagrave, Agathe Gestin, Éléonore Lépinard et Geneviève Pruvost (dir.), *Dissemblances. Jeux et enjeux du genre.* 2002, 240 p.

. Hélène Marquié et Noël Burch (dir.), *Émancipation sexuelle ou contrainte des corps* ? 2006, 180 p.

. Patricia Mercader (dir.), *Le Sexe, le genre et la psychologie.* 2005, 150 p.

. Claire Michard, *Le Sexe en linguistique. Sémantique ou Zoologie* ? 2002, 162 p.

. Muriel Pécastaing-Boissière, *Les Actrices victoriennes. Entre marginalité et conformisme.* 2004, 268 p.

. Gail Pheterson, *Le Prisme de la prostitution.* 2001, 216 p.

. Françoise Rétif, *Simone de Beauvoir. L'autre en miroir.* 1998, 192 p.

. Valeria Ribeiro Corossacz, *Identité nationale et procréation au Brésil. Sexe, classe, race et stérilisation féminine.* 2004, 184 p.

. Catherine Rodgers, *Le Deuxième Sexe de Simone de Beauvoir. Un héritage admiré et contesté.* 1998, 320 p.

. Danielle Roster, *Les Femmes et la création musicale. Les compositrices européennes du Moyen-Age à la mi-XX$^e$ siècle.* 1998, ouvrage illustré, 352 p.

. Hélène Rouch, Elsa Dorlin, Dominique Fougeyrollas-Schwebel, *Le Corps, entre sexe et genre.* 2005, 168 p.

. Geneviève Sellier et Éliane Viennot (dir.), *Culture d'élite, culture de masse et différence des sexes,* 2004, 192 p.

. Lieve Spaas, *Lettres de Catherine de Saint Pierre à son frère Bernardin,* avec une préface d'Arlette Farge. 1996, 224 p.

. Martine Spensky (dir.), *Les Femmes à la conquête du pouvoir politique. Royaume Uni, Irlande, Inde.* 2001, 216 p.

. Paola Tabet, *La Construction sociale de l'inégalité des sexes. Des outils et des corps.* 1998, 208 p.

. Paola Tabet, *La Grande Arnaque. Sexualité des femmes et échange économico-sexuel.* 2004, 212 p.

. Josette Trat, Diane Lamoureux, Roland Pfefferkorn (dir.), *L'Autonomie des femmes en question. Antiféminismes et résistances en Amérique et en Europe.* 2006, 242 p.

. Claude Zaidman, *La Mixité à l'école primaire.* 1996, 240 p.

642860 - Mars 2016
Achevé d'imprimer par